中华先锋人物
故事汇

方永刚

讲台上的战士

FANG YONGGANG
JIANGTAI SHANG DE ZHANSHI

董恒波 著

图书在版编目（CIP）数据

方永刚：讲台上的战士/董恒波著．—南宁：接力出版社；北京：党建读物出版社，2021.6
（中华人物故事汇．中华先锋人物故事汇）
ISBN 978-7-5448-7219-5

Ⅰ.①方… Ⅱ.①董… Ⅲ.①传记小说－中国－当代 Ⅳ.①I247.5

中国版本图书馆CIP数据核字（2021）第095980号

方永刚 —— 讲台上的战士
董恒波 著

责任编辑：车 颖 谢洪波
责任校对：阮 萍 李姝依 张琦锋 杨少坤
装帧设计：严 冬 许继云 **美术编辑**：高春雷
出版发行：党建读物出版社 接力出版社
地 址：北京市西城区西长安街80号东楼（邮编：100815）
    广西南宁市园湖南路9号（邮编：530022）
网 址：http://www.djcb71.com http://www.jielibj.com
电 话：010-65547970/7621
经 销：新华书店
印 刷：中煤（北京）印务有限公司
2021年6月第1版 2023年6月第3次印刷
787毫米×1092毫米 32开本 5.5印张 100千字
印数：15 001—18 000册 定价：25.00元

版权所有 侵权必究

质量服务承诺：如发现缺页、错页、倒装等印装质量问题，可直接向本社调换。
服务电话：010-65545440

目录

写给小读者的话 ·············· 1

给自己起了个名字 ············ 1
一双布鞋 ················· 5
小发明 ·················· 11
最佩服唐僧 ··············· 17
考了第五名 ··············· 23
向小燕子学习 ············· 29
难忘一九七六 ············· 35
微弱的油灯下 ············· 41
学岳飞精忠报国 ··········· 49
新的里程 ················ 55

畅游在知识的海洋·············63

重要的选择·················71

你好，大连·················79

一张汇款单·················85

第一次上讲台···············91

把每一堂课都讲成精品·······99

博采众家所长··············107

三个条件··················113

返场······················119

把病床当教室··············123

传播信仰的火种············129

独特的结婚照··············133

乡情亲情··················139

与病魔的博弈··············145

信仰的力量················153

我和春天有约··············159

写给小读者的话

亲爱的小读者们，今天，我要向你们介绍的这位朋友是一位军人，一位在大学讲课的老师。

哦，老师？他是教什么的？是教语文，还是教数学、历史、英语呢？

他讲起课呀，绘声绘色，比语文老师还要文采飞扬，妙语连珠；比数学老师还要思维严谨，逻辑缜密；比历史老师还会引经据典，旁征博引。而他夹杂的英语单词，发音又是那样的标准……

他讲的是政治理论课。

他的课在部队、在大连，甚至在全国，都产生了热烈的反响。他还写了很多文章，出版了很多书。虽然他已经离开我们十几年了，但人们提起他的时候，仍然会热泪盈眶。

他四十三岁时，患上了癌症，可他仍然带病坚持站在讲台上。

在他病重的时候，时任中共中央总书记、国家主席、中央军委主席胡锦涛曾到医院去看望他。

二〇〇七年，他被评为"感动中国"人物，颁奖词是这样写的：

他是一位满怀激情的理论家，更是敢于奉献生命的实践者。在信仰的战场上，他把生命保持在冲锋的姿态。他是伟大理论的真诚播火者。

哇！这么厉害，这个老师是谁呀？

他就是方永刚。

方永刚出生于辽宁省朝阳市建平县，一九八五年复旦大学历史系毕业，同年七月入伍，一九九二年十二月入党，先后在海军政治学院、海军大连舰艇学院任教，生前为海军大连舰艇学院政治系中国特色社会主义理论教研室教授、硕士研究生导师。

他坚持深入学习、坚定信仰、真情传播、真诚实践党的创新理论，热情为部队和地方讲课达一千多场次。被中央军委授予"忠诚党的创新理论的模范教员"荣誉称号，当选"100位新中国成立以来感动中国人物"。

　　亲爱的小读者们，当我沿着辽宁省建平县老哈河畔的荒滩村路寻找方永刚少年的足迹时，当我漫步在海军大连舰艇学院的林荫甬道参观方永刚的事迹展览时，我的心情激动得就像大海的波浪，难以平静。

　　我把他的故事写出来，并不仅仅是要与你分享，而是想和你一起感受，那一束来自信仰的光芒是如何照亮了一个忠诚的战士的成长道路。

给自己起了个名字

那是一九六三年四月二十二日。

这一天,水泉村的老方家又添了一个男孩。

这个男孩就是方永刚。

在江南水乡,四月早已百花争妍,桃红柳绿,莺歌燕舞了。可是在建平县罗卜沟的水泉村,春天却如同一个害羞的小姑娘,裹着厚厚的棉衣,迟迟不肯露面。

在那个年代,我国农村实行的是人民公社建制,水泉村就是一个生产队,上面是大队,再往上才是公社。罗卜沟就是一个公社。

罗卜沟这个地名是怎么来的?无人考证,或许与出产萝(罗)卜有关?这个地名后来曾被官方做过规范性的更改，叫罗福沟，虽然是谐音，但一个"福"字，让这个地名的内涵充满了吉祥意蕴。所以，起一个好的名字很重要。不仅人需要一个好名字，山川、河流、村落、餐馆等，如果没有一个寓意美好的名字，无论怎样，都是一种遗憾。

水泉村位于辽宁省西部的建平县，西靠河北省，北面就是内蒙古了，这里十年九旱，黄沙漫卷，辽西的天气在四月份还很冷，水泉村北边的那条小河里的冰还没有完全融化，有时还会下雪呢。

方永刚就是在辽西寒冷的北风中来到这个世界的。

实事求是地说，方永刚的出生没有给老方家带来太多的期待和喜庆，仿佛村头树林里又多了一棵小树，屋檐下的燕窝里又多了一只雏鸟那样寻常。

为什么？

因为老方家已经有了五个孩子，四个男孩，一个女孩。方永刚排行老六。

一直到上小学，方永刚都没有自己的名

字，这里说的名字是学名，但他有小名，叫"老墩儿"。

名字其实就是人的代号，人们喊他老墩儿，或者小六儿，他都会痛快地答应。老墩儿在辽西地域方言里用来形容一个人长得壮、敦实有力，是一个褒义词。

很久以后，方永刚上高中时，在字典里认真地查过"墩"字。墩，读作dūn，指土堆。《康熙字典》里解释过这个字："平地有堆曰墩。"方永刚的这个小名和村里的"铁柱""石蛋""二牛"一样，都极具乡村的泥土味。

快到上学的日子了，人们见到方永刚还"老墩儿，老墩儿"地叫着。别人叫他这个名字的时候，当时的他还不知道"墩"字的意思。但是老墩儿觉得都快上学了，总让人家喊自己老墩儿是不行的，名字很重要，他很早就意识到了。

一天，公社的电影放映队来了。

在当时，看电影是免费的，放映队到各个村里巡回放映。方永刚和村里的小伙伴喜欢追着电影队去看电影。因为当时看电影是很奢侈的享受了，一部电影会连续放很多场。电影台词观众们背得比演员还熟。

那天晚上，方永刚看的是《平原作战》，一部抗日题材的电影，里面的主人公叫赵勇刚。

赵勇刚！

银幕上的赵勇刚气宇轩昂，光彩照人，有勇有谋。

艺术的魅力是无法阻挡的，一场电影让童年的老墩儿找到了榜样，他的心完全被这个叫赵勇刚的英雄"俘虏"了。

"我也要做赵勇刚这样的人，当英雄，打鬼子！"他在心里这样说。

第二天早晨吃饭的时候，爸爸喊他："老墩儿，快来吃饭！"

他第一次没有应声。

接下来，他像宣布一个重大的决定一样，表情严肃而认真地说："我给自己起了个名字，从今以后，我就叫方永刚！"

一双布鞋

童年是美好的,它如梦想中的七色花,绚烂而神奇;它又似涂鸦的画卷,多彩而梦幻。童年的美好是一根拨动情感的琴弦,当方永刚回忆起自己的童年生活时,虽然也洋溢着幸福和快乐,但他的童年里并没有钢琴奏响的悠扬旋律,没有安徒生笔下的传世名作,没有阿甘的盒子中永远猜不着下一颗是什么味道的巧克力。

方永刚的童年生活非常艰苦,童年给他留下的最深印象是什么呢?

一双布鞋!

是的,这双布鞋在方永刚的记忆里就像船帆一样,载着他童年的梦想。

在二十世纪八十年代，香港歌手张明敏唱过一首歌叫《爸爸的草鞋》。那时，方永刚正在上海读大学呢。当他坐在学校的图书馆里看书时，听到从远处传过来的吉他伴奏的这首歌时，泪水竟然悄悄地滴落了下来。

草鞋是船，
爸爸是帆，
奶奶的叮咛载满舱。
一股离乡的惆怅噎满腔，
蓦然回首又要启航，
启航。

他想起了自己童年的那双布鞋。

那双布鞋鞋面是黑色的，鞋底用密密的粗麻线一针一针纳在一起，很结实。这双鞋是方永刚的妈妈亲手做的。在那个年代，农村人买不起机器做的鞋子，皮鞋、运动鞋在那个偏远的农村里别说买到，孩子们听都没有听过。

傍晚时分，在昏暗的煤油灯下，母亲一针一

针地给孩子们缝制布鞋的情景，是方永刚童年记忆里最温暖、最清晰的画面。

当然，作为家里的老六，方永刚上面有四个哥哥，他记忆中好像从来没有穿过新鞋，他的每双鞋都是哥哥们一个接一个地传下来的。

传到方永刚的这双布鞋，尽管几位哥哥平时都格外爱惜，但鞋底鞋帮处早已磨破了。于是，勤劳的母亲又把这双布鞋补了补，在前脚和后跟处绷上了布条。布条都是新的，从外观上看，母亲补的鞋就像一双新鞋似的。

方永刚有一个小伙伴，叫"二愣子"。

二愣子和方永刚年龄相仿，个头儿也差不多，他们平时总在一起玩。

"老墩儿，你看，我妈给我做了双新鞋！"二愣子把左脚翘得高高的，然后又把右脚翘了起来，脚尖还不停地晃着，脸上一副炫耀的表情。

"嗯，挺好！"方永刚点了点头，他把自己的脚往后挪了挪，自己的鞋虽然经过了"改造"，但那也是"二手"甚至"三手""四手"的旧鞋了。

二愣子穿着这双新鞋得意极了。

"走，咱们逮野兔去！"二愣子拉着方永刚。

农村的生活虽然艰苦，但天地辽阔，有树林、沙滩、果园、瓜地……

方永刚的童年没有玩具，但大自然慷慨地把飞鸟、蝴蝶、小蚂蚁，还有那些美丽的花花草草送给了他和他的伙伴们。

方永刚玩得很开心。

二愣子发现：方永刚跑跑跳跳的时候，总要把鞋子脱下来。他从不穿着鞋玩，他怕费鞋！

"鞋不就是穿的吗？穿坏了，让你妈再给做一双呗！"

方永刚不反驳，他的腰里拴着一根绳子，玩耍的时候就把鞋系在绳子上，一左一右，像个威风的"双枪老太太"。村里的土路多，但没有硌脚的石子，到了学校的门口，方永刚才会把鞋解下来，用手扑打扑打双脚，再穿着鞋走进教室。

而二愣子的新鞋自从穿在脚上后，就如同长在脚上一样，没出半个月，破损就很严重了。

更严重的事情发生了。

那天放学后,方永刚和二愣子一起去割兔子草,回来的路上,遇到了一条小河。河上游下了大雨,河水湍急,蹚水过河的时候,二愣子的鞋被冲走了。

二愣子坐在河边哭了起来。

"鞋子丢了,我不敢回家啦,我爸妈肯定会打我的!呜呜……"

方永刚劝二愣子:"你也不是故意把鞋弄丢的,好好说说呗!"

"鞋都没有了,还说啥理由?呜呜……我后悔死了,过河的时候,应该学着你的办法,把鞋拴在腰上,就不会被水冲跑了,呜呜……"

眼瞅着太阳就要落山了,二愣子还坐在那里抹着眼泪,他不敢回家。

这时,方永刚从腰上把自己那双心爱的布鞋解了下来。

"你把我这双鞋穿上吧!"

"什么,你要把鞋给我?"二愣子揉了揉眼睛,怀疑地问。

"怎么,不要?"

"我穿了你的鞋，你回家怎么和大人说呀？"

"我会想办法的，你爸妈的脾气我知道，丢了鞋你会挨打的，快穿上吧！"

二愣子接过鞋就要往脚上穿，方永刚拦了他一下："等一会儿，把你的脚好好洗一洗再穿！"

踏着夕阳的余晖，方永刚赤着脚回到了家。

他没有撒谎，把实话告诉了父母。

方永刚的父母没有责怪他："老墩儿，你做得对，能帮别人就帮一把。"

这时方永刚的一个哥哥把自己的一双鞋递了过来，说："明天穿这双吧，咱家虽然穷，但也不能光着脚上学去呀！"

小发明

航天英雄杨利伟曾经说过,在航天员公寓的墙上有这样一段话:

"有一种生活你没有经历过,就不知道其中的艰辛;有一种艰辛你没有体会过,就不知道其中的快乐;有一种快乐你没有拥有过,就不知道其中的真谛。"

童年的生活对方永刚来说,既充满了艰辛,又洋溢着快乐。而当他回忆起那逝去的日子时,更能深切地感悟出人生的真谛。

方永刚就读的小学现在是以他的名字命名的。

现在的方永刚小学有崭新的校舍、宽阔的操场、明亮的教室,生活在这里的孩子们幸福地汲取着知识的阳光和雨露。

而当年的学校是什么样子的？我们只能从那些褪了色的黑白照片中，寻找岁月留下的痕迹：墙皮脱落的教室，简陋低矮的课桌，四处漏风的窗子……

方永刚的小学阶段就是在这样的环境下度过的。

夏天，教室里热得像蒸笼，冬天又冷得打哆嗦。在那个年代，在罗卜沟这样偏僻的农村，根本没有条件装暖气。教室中间摆着一个大铁炉，里面烧着学生们从家里带来的柴火和煤，虽然烟熏火燎，但毕竟可以驱寒。

艰苦的条件并没有阻挡方永刚和他的伙伴们对生活的热爱。上学时，他们都会带一些黄豆、土豆和地瓜之类的食物。下课的时候，大家围着铁炉子，烤黄豆，烤地瓜，烤土豆，然后抢着吃，那浓厚的香味弥漫了童年的天空，同学们的脸上洋溢着幸福的笑容。

方永刚和他的同学都有什么学习用品呢？说出来也许会让你惊叹不已。他们的书包都是家长用一块布缝制的，往肩上一挎或者往腰上一缠，就是书包啦。

写字的本子呢？方永刚可舍不得花钱买印刷好的现成的本子。但本子是必备的，没有本子，怎么写作业呢？方永刚有办法，他从供销社买来那种很便宜、很粗糙的大白纸，用剪刀一裁，再用纸绳一订，就是一本可写可画的练习册了。

铅笔当然也买来了，得省着用，用到只剩小手指那么长的铅笔头时，也不能扔掉，在上面套上一个笔帽，还可以接着用呢。

还有一个东西，是小学生离不开的，什么东西呢？橡皮呀，如果你写错字了，就得用橡皮擦掉，重新写。现在的小学生们都有修正液，往写错的字上轻轻一抹，错字就抹掉了，效果非常好。书包，文具盒，各种各样的铅笔、圆珠笔、橡皮、修正液，这些都是现代小学生的"标配"呀。

那天，方永刚和几个同学去供销社买文具时，只买了纸和铅笔，没有买橡皮。

"没有橡皮，你写错了字，怎么改呀？"一个瘦高个儿的同学问他。

方永刚笑了笑，说："那么小的一块橡皮，还要五分钱呢，太贵啦！"

"五分钱一块橡皮，还嫌贵？"

方永刚没有正面回答，而是小声地嘟哝着："嗯，我有办法的！"

"咦？方永刚没买橡皮，还说自己有办法。真是奇怪了，他有什么办法？写错了字，难道吐口唾沫擦了去？"

在教室里，那个瘦高个儿同学和几个同学悄声议论着："看看方永刚写错了字怎么改？"

方永刚从自己的文具盒里拿出了一个手指盖大小的圆圆的东西，在本子上费力地擦着。

"方永刚，你如实招来，这是哪儿来的橡皮？"

看着同学们惊讶的目光，方永刚笑了，把那个圆圆的"宝贝"摊在手心里，让大家参观。

"这是我的小发明！"

"什么，你还能发明橡皮？"

方永刚咧着嘴，把那个"橡皮"在大家面前晃了晃。

"这个东西是青霉素药瓶的瓶盖，也是胶皮的。公社卫生所的垃圾箱里有的是，都是别人扔的，我捡来几个试验了几次，可以当橡皮用。用它来擦错别字，效果也不错！"

"哇！方永刚用瓶盖当橡皮，太聪明了，这可是中国四大发明之后的'第五大发明'呀！"

教室里传出了一片欢乐的笑声。

最佩服唐僧

艰苦的上学环境,简陋的学习用品,并没有影响方永刚攀登科学和知识高峰的脚步。

光着脚跑到学校,到了校门口再把鞋穿上的方永刚,从来没有迟到过。用青霉素瓶盖当橡皮用的方永刚,从来不会放过任何一个老师讲过的知识。是的,马虎、敷衍这些不良的学习习惯,用再精美昂贵的橡皮也擦不掉的,只能依赖源自内心的自控力。

方永刚就具有这种良好的学习品质,这种优秀的品质如同盖高楼大厦,一步步夯实地基,注入坚固的钢筋水泥。

"老师,语文书上的这句话,为什么没有用句号，而是逗号呢？"

"老师，这道数学题我又想了另外一个解题方法，您看对不对？"

"老师，您刚才讲课时，有一个词我没听懂，您能再给我说一遍吗？"

方永刚在小学时的班主任是于老师。于老师名叫于铸，二十多岁，勤学善思，像学生们的大哥哥。他既教语文、数学，也教地理、音乐，当时的老师都是全能型的，一专多能。

于老师对这个个子不高，听课时却总是瞪着两只小眼睛的方永刚印象深刻，老师都喜欢爱思考、爱提问的学生。

于老师和后来方永刚的初中老师张老师，虽然都在偏远的农村任教，待遇不高，生活条件也很艰苦，但在方永刚的眼里，他们都是有学问的人。

很多年以后，当方永刚考上了上海复旦大学，接受国家一流师资队伍的培养时，他仍然在心中真诚地感谢那些培育自己成才的小学老师和初中老师。

"那些老师的知识面都很广,更重要的是,他们是真心地爱着学生,我有'十万个为什么',无数次地追问他们各种问题,他们从来没有敷衍和不耐烦。"方永刚多次和大家这样说。

四年级的一天,班主任于老师要领着同学们讨论《西游记》。

《西游记》的故事同学们早就耳熟能详了,孙悟空和唐僧等四人西天取经的故事,大家从小人儿书上、从家里的藏书里都读到过,从大人们口中听到过,还从公社放映的《孙悟空三打白骨精》电影里看到过。只是那时电视还没有普及,更多的故事都是于老师在课堂上为大家绘声绘色地讲述的。

于老师说:"上周三的时候,我已经给大家布置了家庭作业,让同学们回家看一看《西游记》,然后,我们要利用今天的班会开一个讨论会,大家做好准备了吗?"

"准备好啦!"同学们异口同声地回答。

让学生们以讨论的方式来讲故事,其实是于老师的一个教学方法。作为一个四年级的孩子,能站在众人面前把话说利索，两腿不哆嗦，就是一件很了不起的事情了。于老师教的这个班，就把锻炼学生敢于站起来发言当成了一门课，这种最初的演讲启蒙，为后来方永刚在任何场合下都能侃侃而谈奠定了扎实的基础。

在小学时，每逢班里有讨论发言的机会，方永刚都会踊跃参加。当然，那个时候的方永刚还讲不出富有哲理和思辨的妙语金句来。

敢站起来讲，就是成功的一半。

关于《西游记》的讨论，果然在这个农村小学的班级里高潮迭起。

于老师为了让大家不把话题说得太散，提出了两个主题："同学们发言，就说两点：喜欢《西游记》里哪个人物？为什么？"

同学们的发言十分踊跃。

"我喜欢猴哥！"

"我喜欢齐天大圣！"

在孩子们的眼里，孙悟空是最受欢迎的，理由不外乎是，他敢和妖怪斗，会七十二变，能呼风唤雨，还有火眼金睛。也有喜欢猪八戒的，说他憨厚单纯脾气好,很随和。

还有一些人喜欢沙僧,觉得他任劳任怨,一直挑着那副沉重的担子,从东土大唐走到了西天。

孩子们对唐僧的印象都不太好。有人认为他真假不分,忠奸不辨,特别是在"孙悟空三打白骨精"的那个故事里,他就是个糊涂蛋,还总给孙悟空念紧箍咒,真是太讨厌了。

那天的讨论,方永刚不像平时那般抢着发言,而是瞪着两只眼睛听大家说。

"方永刚,你喜欢哪个人物?能说一下吗?"于老师点将了。

"老师,听了大家的发言,我还在思考呢,我想知道您的想法。"方永刚说。

让方永刚震撼的,是最后于老师的那段话。

于老师说:"今天,我也和同学们一样,来谈一下自己的看法。《西游记》里,我最喜欢的人物,不,应该说是最佩服的,是唐僧。"

"唐僧?怎么能是他呢?"

"为什么?因为他有坚定的信念。"

"信念？"

"是的，是信念！"

于老师环顾了一下大家，继续说道："同学们想想，唐僧作为去西天取经这支队伍的核心，他的决心和意志是最坚定的。他经历了多少艰难险阻啊！被妖怪捉去了从不低头，面对诱惑从不动心。他始终以善良的心对待这个世界，也不曾动摇心志，改变自己的目标，这是什么呀？这就叫信念，或者叫信仰。所以，我希望同学们从小就要坚定自己的信念。虽然，我们生活在偏僻的农村，但我坚信，只要我们努力，就会成为一个对国家有用的人！"

于老师的这番话，声音不高，但却如轰鸣的雷声，炸响在方永刚的心中。

晚上，方永刚在自己的作文本上写了这样一段话："我要学习唐僧西天取经的精神，从小就要有信念，有了信念的人生才是充实的。"

考了第五名

一旦一个人心中有了信念，就有了无穷的动力，就会朝着自己的目标坚定地向前走。如同唐僧取经一样，九九八十一难也阻挡不了他的脚步。有没有信念，这与年龄没有多少关系。

信念是奋斗者的灯塔。方永刚为自己确定的目标是长大了要去当兵，现在呢，就是好好学习，考试争取在班里得第一。

打从上学那天起，他就是一个学习特别认真的人，一个不服输的人。

方永刚并没有过人的天分，他的父亲和兄弟姐妹也都没有受过良好的教育。在这个偏僻的村子里，到小学读几年书，识一些字，就是大多数家庭的目标了。

当然，学校还是要考试的，只不过考好考坏并不像今天这样被众多的家长和学生重视。但是，在那段特殊的岁月里，方永刚为什么对学习有那么浓厚的兴趣，学习的基础打得那么扎实，一直是老师、同学以及乡亲们热议的一个话题。

"人家永刚就是学习的料！"

"咱这水泉村方圆几十里，少有永刚这样爱学习的孩子！"

方永刚在小学和初中阶段，大小考试，他的名次常常排在第一，偶尔排在第二。

但也有意外。

一次期中考试，方永刚竟然考了第五名。

在一个四五十人的班级里，排在第五名，这成绩也算不错的了，可是方永刚却受到了沉重的打击。那天成绩公布后，方永刚一个人呆呆地坐在教室里，两只眼睛直直的，像个木头人。

已经放学了。

"哎呀，你这个老墩儿，看把你愁成这个样子，你考了全班第五，我们做梦也达不到呀，我这回考试从后面数第五名哟。"有同学来劝方永刚。

"永刚，你还不回家？再待一会儿天该黑了！"也有同学来拉方永刚一块儿回家。

方永刚用手抹了一下眼角的泪水，对同学说："你们先走吧，我再坐一会儿。"

方永刚在思考自己的那张考卷，究竟错在什么地方，是哪一道题丢分了？如果不弄明白，下次考试还会犯同样的错误。

想到这儿，方永刚背着书包走出了教室，他没有回家，而是到办公室找老师去了。

直到老师摊开那张卷子，指出了方永刚做错的题，方永刚才觉得豁然开朗，他朝老师鞠了个躬，说了句"谢谢老师"，这才又蹦又跳地朝着家的方向跑去。

方永刚回到家的时候，天已经黑了，可是他的心却是一片敞亮。

很多年之后，方永刚回忆起那次期中考试得了第五名的事时，说道："我并不是非要争第一名，我是要知道自己的失误在什么地方，只有清晰地认识到自己的不足，才会有进步。"

方永刚的学习动力是他对知识的热切渴望，对未知世界的执着探求，对家乡、亲人、生活的真诚的爱。

这也可以从方永刚的作文中看出来。

从小学起，方永刚的作文就写得特别棒，他的习作常常作为班主任评析的范文。

无论是命题作文，还是自己的随手写作，在少年时代，方永刚的文章便显出了超凡脱俗的文采和光芒。

老师给同学们出题写作文，已经满足不了方永刚用文字来表达情感和思想的需求了。在他的作文本上，更多的是他自己的创作。

他喜爱描写家乡，在少年方永刚的眼里，家乡是美丽的，村庄周围的山梁像巨人的大手拥抱着山村，那茂密的丛林，还有各种飞翔的小鸟，就像画一样，是那样色彩斑斓。

方永刚还喜欢在自己的作文中写人物，他笔下的主人公多是爸爸、妈妈、哥哥、姐姐，还有老师、同学，方永刚会用简练的语言来刻画他们的性格特点，比如，他写妈妈是一个热心肠的人："村里人不管哪家有事，妈妈总会第一个跑过去，出主意，动手帮忙。"

他笔下的大哥是这样的："大哥憨厚老实，话不多，但乡里每次年前搞文化活动时，大哥总是冲在最前的，忙里忙外，手脚不闲。"

方永刚的作文写得好，全班同学心服口也服。不过，写作文这一项，在方永刚的小学和初中，一直没有排名。如果有排名的话，方永刚一定会排在第一名，不会是第二名、第三名，更不会排在第五名，这一点谁也不会怀疑的。

向小燕子学习

方永刚是天才吗?

不是,他不过是一个在学习上非常用心的人,是一个肯于思考、善于利用时间的好学生。学习没有捷径,他所有优秀成绩的取得,靠的就是平时不断地积累。

去学校的路很长,十几里路。从家里出来,要翻过一座山梁,蹚过两条小河,走过一片荒凉的开阔地,还要穿过一个村庄,然后才能到达学校。

方永刚几乎每天都是小跑到学校的。上学要抓紧时间,不能迟到。放学了,也要抓紧时间,回到家里还要割草,干农活。

二愣子和方永刚是邻居，两人从小一起长大。上学和放学的路，都是两人一起走的。可是，二愣子的学习成绩总是上不来，二愣子的父母也着急："二愣子，你得跟人家老墩儿好好学习，都是一个村的，上一样的学校，一个老师教的，可是差距咋这么大呢？"

二愣子总是嘿嘿一笑："我和永刚比呀，脑瓜儿笨。"

方永刚却不这样认为："你呀，脑袋并不笨，就是没有专心学习，平时不用心。另外，你就是不注意积累学过的知识。"

二愣子对方永刚的批评是接受的，说："咱们都是哥们儿，你得教教我怎么用心呀，怎么积累知识呀！"

二愣子的妈妈也拉着方永刚的手说："老墩儿呀，你带一下我家的二愣子，把你的诀窍都告诉他吧。"

方永刚笑了："大婶，我哪有什么学习的诀窍呀！不过，你放心，我会提醒二愣子的，让他在学习上多用心。"

一个春天的早上，他们二人走在上学的路上。

路过一个小村庄时，方永刚在一户农家院的前面停住了脚步，两只眼睛盯着房檐。

"永刚，你看什么呢？"二愣子问。

"二愣子，你看。"方永刚用手指着房檐处。

一对燕子正在筑巢，它们用嘴衔着泥，一口一口地在房檐下搭建自己的家。一只燕子飞走了，另一只燕子飞来了，两只小燕子忙得不停歇。

二愣子笑了："这有什么好看的，不就是燕子垒窝吗？咱这个地方，好多人家都有小燕子来这儿垒窝呢！"

方永刚对二愣子说："你看小燕子衔泥垒窝多不容易呀，一口只能衔来这么一点点的泥。"

"是呀，这得需要多少天才能搭成这个燕窝呀！"

二愣子也瞅着房檐下的那个燕窝感慨着，那个燕窝还只是一些麻麻点点的小泥点子。

放学他们又路过燕窝时，泥点子多了很多。方永刚对二愣子说："咱们今天在学校上了一天的课，这两只小燕子也没有歇着呀，它们这一天衔了多少泥呀！"

接下来好几天，方永刚和二愣子上学放学路过这个燕窝时，都会驻足观察一会儿，那个燕窝一天天地变大了。不到半个月，燕子的"新家"竣工了，它们开始在里面孵蛋生小燕子了。

"说说你的感想？"方永刚指着燕窝问二愣子。

"嗯，这对小燕子垒窝真的是太辛苦了！"二愣子说。

"我们要向小燕子学习，做什么事情都不能怕困难，一点儿一点儿地积累，天长日久，就能干出成果了。"

说到这里，方永刚拉着二愣子的手说："你一点儿也不笨，可是在学习上没常性，结果好多知识没有掌握，就半途而废了。咱们俩呀，都要以小燕子为榜样。来一个学习竞赛，你看好不好？"

"竞赛？我可赶不上你，我怎么能和你比呢？"

"怎么不能？咱们的家离学校都很远，我有一个建议，上学的路上，我们比赛背课文，就从课本上的古诗词开始背，你背一句，我接着背一句。放学的时候，咱俩就背数学题，把课本上的公式都背下来。"

二愣子晃着脑袋说："那，我肯定背不过你。"

方永刚笑着说："你说过要学习小燕子，怎么又泄气了？"

"我想背古诗词，可是，我背不下来怎么办？"二愣子又问。

这时，方永刚把自己的袖子撸了起来，在他的胳膊上，密密麻麻地用钢笔写着古诗，还有英语单词、数学公式。

"二愣子，你学我呀，把需要背的东西先写在胳膊上，这一路，咱们先试着背，背不下来的时候，就撸起袖子看一眼。"

二愣子笑了，说："好啊，好啊，这真是一个好办法！"

方永刚和二愣子欢快地跑在村路上，他们边

跑边学，你考我一下，我又考你一下，如果两人都不会，就撸起袖子看一眼"标准答案"，他们这个学习方法，充满了新奇的快乐呢！

那两只在房檐下筑巢的小燕子，它们的蛋破壳了，雏燕长大了，伴随着春风春雨，已经开始在蓝天上飞翔了。

这一学期的期末考试，二愣子的成绩有了非常明显的进步，老师和同学都对他刮目相看。

老师问二愣子："是不是方永刚在课下帮你辅导的？"

二愣子看了一眼老师，笑着回答说："我们都是在向小燕子学习！"

小燕子是谁？老师有些莫名其妙。

难忘一九七六

一九七六年,方永刚正在读中学。

这年他十三岁,方永刚在这段青葱岁月里最大的收获是学会了思考。这个思考,是关于社会的思考,关于政治的思考,也是关于人生的思考。当然,这个思考属于一个少年的思考。

一九七六年的中国蒙受了太多的苦难和打击。

一月,我们敬爱的周总理与世长辞;七月,朱德委员长逝世;九月九日,伟大领袖毛泽东主席又永远离开了我们。他们的与世长辞,让所有的华夏儿女悲痛不已。

这一年的七月二十八日,一场震惊中外的唐山大地震,夺去了二十四万人的生命,让苦难如大山般压在了中国人民的心头。唐山位于河北省的东部，离辽宁西部的建平县不远。地震的那个早晨，方永刚被震醒了，他和大人们一起慌忙从屋里跑了出来。仰望苍穹，繁星闪烁，余震中的大地还在颤抖着，让人感觉有一双无形的大手，在用超凡的力量晃动着山川河流。有些不牢固的房子经不起这个力量的摇动，眼看就要倒塌了，人们纷纷寻找安全的地方。地震让方永刚第一次认识到生命存在的意义。

一九七七年，十四岁的方永刚清晰地记得新年后的一天，老师领着全班同学，在一起学习《人民日报》、《红旗》杂志和《解放军报》的元旦社论，社论题目叫《乘胜前进》。

方永刚在后来的一篇自述文章里，曾这样记录自己当时的心情：

……我开始发奋读书，我很懂事，在家里帮父母做力所能及的家务，上山打柴，打猪草，养兔，等等，我只有充分利用白天在学校里的六节课时间抓紧学习，但效率非常高，成绩在全公社范围名列前茅。

　　……随着改革开放的到来，我开始从思考自己的命运到思考国家的命运。特别是一九七七年恢复高考以后，深深地激发了我要通过学习、通过考大学来改变自己命运的雄心壮志，从这以后我开始发奋读书……

　　如果说一九七七年以前方永刚刻苦学习的动力是对知识的渴望，那么一九七七年以后方永刚的努力拼搏则是目标使然，他坚信学习会改变命运。

　　一九七七年恢复高考制度，国家现代化建设所需的大批人才开始得到有计划地培养。

　　如果没有高考，像方永刚这样的学子，他们的命运和前途注定是要被"绑"在垄沟里的。如果没有高考，像方永刚这样的农家子弟，就不会成为站在大学讲台上传道授业的教授和学者。

　　其实，到了一九七八年，方永刚初中毕业时，他并没有把自己的人生目标锁定在高考上，他的家人和亲属都建议他考中专。那个年代的中专含金量也是很高的，中专毕业后，国家是分配工作的，学生走出校门也就有了国家干部的身份。这对于一个农民的孩子来说已经是"鲤鱼跳龙门"了。

但是当时中专并不好考，上边仅分给萝卜沟公社中学一个名额。

名额如此稀有，公社中学做了认真的研究，决定推荐方永刚参加中专考试，推荐的理由是什么呢？就是方永刚在历次的考试中，在全校都是名列前茅的。学校推荐方永刚也没有产生什么争议。

一九七八年的中专考试是在七月份进行的。

五月份报名后，方永刚开始备考。全公社唯一的一个中专生名额给了他，他感到很光荣，但他觉得压力也不是很大，自己还是有把握考上中专的。

就是在这个关头，出现了一个重要的小插曲。这个插曲也彻底改变了方永刚的命运。

改变方永刚命运的这个人是他的中学班主任——张凤启。

作为班主任，张凤启对方永刚的学习实力是了解的。培桃育李多年，发现一棵好苗子实属不易，张老师对方永刚充满了期待。

那天张老师找到了方永刚。

"考中专的事准备得怎么样了？"

"谢谢老师关心，一切都挺正常的。"

"有把握考上中专吗？"

"嗯，我觉得问题不大。"

"好的，有信心就好。永刚，我有个事要和你商量一下。"张老师瞅着方永刚的眼睛说。

张凤启老师是一个充满爱心又对学生非常负责任的老师。他告诉方永刚，建平县的高级中学正在面向全县招收优秀的初中毕业生。县高中是全县最好的一所重点高中，想考进去是很难的，不过，考进了县高中，就有希望考上大学。张老师查过了，考高中的日期是在考中专之前，如果方永刚有意向考高中，可以先试一试，如果没考上高中，回头还可以继续再考中专。

方永刚想了想，说："张老师，我听您的安排吧！"

"那你就先去考高中！"张老师拍着方永刚的肩膀说。

一九七八年七月六日，方永刚接到了县高中的录取通知书。

许多年以后，方永刚说起当年他从考中专到转向考高中的往事时，总笑着说："这个结果很有戏剧性呢！"

微弱的油灯下

苏联作家高尔基说过这样一句话:"苦难是人生最好的大学。"

方永刚是伴随着苦难长大的,苦难这所学校锻造了他的性格,给予了他成长的力量。

方永刚背着行李,从罗卜沟走了出来,来到了建平县城。在小山沟里生活了多年,他觉得县城就是一个大城市了。县政府的所在地叫叶柏寿。这里有高楼,还有电影院。学校里的照明,都是电灯了。只要用手轻轻一拉开关,眼前便是一片光明。

方永刚瞅着宿舍里的电灯,感到无比的幸福,这种幸福竟然来得如此突然,让他激动不已。仅仅是十五瓦的白炽灯,在方永刚眼里,却如太阳一样明亮。

在上高中以前,方永刚在家里学习时,夜晚用的都是油灯。

现在的孩子并不认识油灯,油灯就是从供销社里买来的那种黑黑的、廉价的、用煤油做燃料的灯,把煤油倒进一个油碗里,中间插一根用棉线捻成的油捻儿,用火点燃油捻儿,就会发出微弱的光来。烛光如豆,是用来形容蜡烛的微光,而煤油灯还比不上蜡烛光。能点上蜡烛照明,那也很奢侈呀!

方永刚的家里只有一盏油灯,而且这盏油灯并不是他专用的。每当夜晚,他在油灯的这一旁埋头写作业,而油灯的另一旁,母亲还要在那儿缝衣服,做家务。

燃烧着的油灯,用它微弱的光芒,照耀着方永刚成长的方向。

在油灯下,那些枯燥的数学和物理公式,像牡丹一样华贵,像玫瑰一样艳丽,像米兰一样芳香,像雪莲花一样神奇。在油灯下,方永刚听到

微弱的油灯下

了三闾大夫屈原行吟泽畔的《离骚》，看到了李白斗酒诗百篇的潇洒，寻到了鲁迅从百草园到三味书屋的足迹，触摸到了中国文化从远古到今天的成长与律动。

油灯闪闪，闪现着历史上的刀光剑影，金戈铁马，战乱纷争，诸侯列强。

油灯微微，展示着地理上的城镇村落，大漠硝烟，江河湖海，极地风光。

油灯的光芒，已经融入了方永刚的血脉。油灯在方永刚的记忆里，是那样明亮，它仿佛成了一个燃烧自己生命、照亮他人的奉献者的形象。

夜晚在油灯下学习，第二天，方永刚到学校时，他的鼻孔里还残留着被油烟熏黑的痕迹。班主任张老师总是用关爱的语气说："快擦一下你的鼻子吧，昨天晚上又学到很晚吧？你呀，也要注意休息。"

那个时候，方永刚总是想，如果能在电灯下读书学习，那该是一件多么幸福的事情啊！可是他的家里夜晚只有一盏小油灯，要是有两盏会不会更好呢？不行，那样可太浪费了，点两盏灯，多费钱，真是太不会过日子了！

回顾自己的高中生活时，方永刚说："我的高中经历了两种艰苦，一是生活艰苦，二是学习艰苦，这两种艰苦改变了我的命运。"

方永刚在建平县高中一共读了两年，住校学习。

这两年的高中生活，他读得非常辛苦。十六七岁正是长身体的时候，可是方永刚吃的是些什么东西呢？他常年的主食就是用玉米面烙的饼子，在那个年代是很少能吃到细粮的，也许只有过年过节的时候，才能吃到一顿细米白面。

吃饭总是要吃菜的，可是由于家里实在太穷了，方永刚买不起学校食堂的菜，尽管那个时候食堂的菜一盘也只有几分钱。

聪明的方永刚想出了一个办法，他和同宿舍的一个好朋友商量："哎，我看你家的日子也不宽裕，这样好吗？咱们吃饭时，合着买一盘菜，这样就可以省些钱！"

同学答应了。

于是两个人在开饭的时候，合着买一盘菜来

吃，吃完了，就用水涮一下盘底，当汤喝，两人还你推我让的。还有的时候，合伙买一个菜的两个同学，最后都"囊中羞涩"了，连最廉价的几分钱一盘的煮白菜也买不起了。于是，方永刚总是最后一个走进食堂，买个玉米饼子，然后就着酱油汤泡着吃了。

方永刚读高中时一个月的伙食费是多少，说出来你或许都不信——不超过三元钱。

仅仅几元钱一个月的伙食费，并没有影响方永刚的学习成绩。他像一个在沙漠里长途跋涉的行者，一步一个脚印地向前走。他坚信，只要朝前走，就会找到绿洲、找到清泉。

"我一天要学习十四个小时，老师和校长都表扬我，说我学习特别刻苦。"方永刚在回忆时这样说。

就在高中学习最艰苦的时候，方永刚连最基本的生活费也没有了。为了生活下去，他曾经做过这样一件事：偷偷跑出去卖血。

方永刚卖血的事情后来被住在县城里的姐姐发现了。姐姐痛心疾首，狠狠地批评了弟弟，深深地自责没有照顾好他。姐姐命令方永刚每周必须要来家里改善一下伙食。

　　笔者写到此处时，两手不停地颤抖着，泪水也在不停地流着。我想为方永刚苦难的求学经历大哭一场，更想告诉今天的少年朋友：方永刚的少年生活，是一枚五味俱全的多味果。只有了解了方永刚少年生活的艰难，才能体味到他坚韧不拔的奋斗精神，才能理解坚定的信仰在他走向事业成功的道路上给予他的无穷力量。

学岳飞精忠报国

周日的傍晚，方永刚走出建平县高中的大门，他要去姐姐家吃饭。他一边走，还在一边背着习题。

咦？街道上的广播声传进了他的耳朵。

"……岳和夫妇，老来得子。在小孩降生时，正巧屋顶有一只大鸟飞过，故起名岳飞，字鹏举。办满月酒那天，亲戚朋友、街坊邻居来了不少人，吃酒庆贺。大家正在吃酒，忽听街上有人高喊：'不好了！发大水了！'……"

专心致志的方永刚，此时还在背着物理定律："做匀速圆周运动的物体，其向心力等于合力，并且向心力只改变速度的方向，不改变速度的大小，因此物体的动能保持不变，向心力不做功，但动量不断改变……"

这会儿他背不下去了，他的耳朵已经被这个广播声"俘虏"了。

他停下了脚步，竖起耳朵听着，这是刘兰芳说的评书《岳飞传》。在二十世纪八十年代，刘兰芳的评书成了一种特殊的文化现象，何止是方永刚被迷住了，全国的听众都被她的评书迷住了，几乎所有的广播电台都在转播她的评书。

"……大家一愣，急忙跑到街上，就听远处哗的一声，声如牛吼，黄河决口了。因为朝廷腐败，贪官污吏把治水的钱都装进了自己的腰包，所以黄河无人治理，经常泛滥。这回在汤阴县不远的地方决口了，水头像一面墙似的扑过来，淹没了万顷良田。霎时间，水就进了村，在老岳家吃满月酒的人全跑了……"

刘兰芳正在说的评书是《岳飞传》，她说得字正腔圆，激情饱满，方永刚被吸引住了。

那天，方永刚坐在姐姐家的饭桌前，第一次没有议论学习的话题，而是说起了刚刚听到的评书,《岳飞传》让几个人都有了颇高的兴致。

后来,方永刚几次到姐姐家吃饭,聊的都是《岳飞传》。

姐姐和姐夫当然都是这部评书的热心听众,他们宁肯不吃饭,也要听完评书。

"刘兰芳的评书为啥大家都喜欢,是因为她讲的书里,有历史,有学问!"姐夫说。

"不光是学问,有学问的人多了,还有那么多的大学教授呢!可是他们能说过刘兰芳吗?那是刘兰芳会说,你听听她说书的那气口,那情绪。"姐姐的分析也很到位。

就是在那天的餐桌上,姐姐对方永刚说:"老墩儿,你也是很健谈的,我听说在小学和中学,你身边总有一些人围着你,听你讲东讲西的。要想讲得让大家都爱听,你要好好学习人家刘兰芳呀!"

姐姐随意说的这句话,却给方永刚的心打开了一扇窗。

是呀,方永刚从小就是一个爱说的人,他的周围总是有听众。

但是,刘兰芳的评书为什么能吸引全国数以亿计的听众,其中的奥秘真的需要方永刚自己好好地思索一番。

方永刚对姐姐和姐夫说:"我认为一本书要让大家喜欢,首先这本书的内容要好。你看,《岳飞传》的主题非常鲜明,讲了一个家喻户晓的抗金英雄的故事。我听了这个评书很受激励,我要学岳飞精忠报国。"

姐姐这回把话题扯了回来,说:"你呀,要报国就得好好学习,争取考上好大学。没有学问,你拿什么报国呀?"

高考的日子临近了。

如万米赛跑,终于到了冲刺的阶段。摆在宿舍里的日历牌上,日子一个一个地被方永刚用红笔勾掉了,再过几天,他就要进考场了。

正是在这紧要关头,意外发生了。

著名作家路遥曾在小说《平凡的世界》里写过这样一句话:"在这个世界上,不是所有合理的和美好的,都能按照自己的愿望存在或实现。"

正当方永刚摩拳擦掌,厉兵秣马,奋力向理

想的"珠峰"攀登的时候，不幸又降临在了他的身上。

方永刚病了，病得很重，浑身没劲儿，不思茶饭，脸色苍白，全身出虚汗。姐姐吓坏了，赶紧将他送到医院。

在医院，他一边打着点滴，一边默默地复习。方永刚又想起了岳飞，在面对敌寇时，民族英雄是何等的气壮山河，这点小病怕什么呢！

病还没有好，方永刚就强撑着走进了考场。

考场如战场。

方永刚面对考卷，看到的是枪林弹雨，炮火连天。面对一个一个的难题，方永刚已经没有退路了，必须敢于亮剑。这些年学到的知识，那些早已烂熟于心的公式、概念和数据，就是方永刚的将士，它们都在听从他的指挥和召唤。这些英勇的将士，是在萝卜沟水泉村的那盏油灯旁，集合在了方永刚的旗帜下；是在这所高中的课堂和宿舍里，唤醒了方永刚对理想的渴望。

它们扎实，它们稳健，它们像成熟丰满的种子，它们更像斗牛场上坚强的勇士。

考场如战场。

向着理想的目标，进军吧！冲锋吧！

开考的铃声仿佛就是冲锋号角，方永刚的疾病都被号角吓跑了。考场上，只听到钢笔在纸上唰唰的书写声音。

一座座顽敌的堡垒被攻克了，一个个难题的关隘被闯开了。

当方永刚把最后一科的最后一题答完后，郑重地把考卷交给了监考老师。

他在心中默默地说："战斗结束了，祖国呀，我等待着您的选择。"

新的里程

接到复旦大学的录取通知书那一刻,方永刚热泪盈眶。

在辽西建平县这样一个小县城里,能考上复旦,真的是一个轰动性的新闻了。方永刚的名字像风一样从县高中传遍了全县。在他的老家罗卜沟公社,从中学到水泉村,那些与方永刚相识的老师同学,还有方永刚的亲属们更是奔走相告,喜悦之情溢于言表。

方永刚不仅是方家的第一个大学生,也是村里的第一个大学生。

那年,当他以高分考取复旦大学历史系时,整个小山村沸腾了,县广播站还在新闻节目里,向全县人民播送了这一喜讯。

没有庆功宴、谢师宴,那个年代还不时兴这种形式,再说方永刚的家里也根本没有这个经济条件。

去学校报到的那天清晨,全村的乡亲都到村口相送,这个往他包里塞两元,那个往他包里塞三元,那些钱都是一角两角的毛票。知恩图报的方永刚说:"我这个大学不仅是给自己上的,也是替全村的父老乡亲们上的。"

方永刚踏上了南下的列车,他需要换乘几次车,才能到达最终目的地:上海。

这是他人生中第一次告别家乡远行求学。

他坐着绿皮火车咣咣当当颠簸了好几天,终于来到了上海。

他没有坐卧铺,有卧铺他也买不起。坐着硬板座位,他并不觉得苦。车上有免费的开水,渴了就喝。饿了,他就啃几口带来的干粮。他的家人还给他带了一大袋子的鸡蛋,那鸡蛋是煮熟的,有咸的,也有淡的。他对自己能享受到这样的"大餐"已经很满意了。

新的里程　57

一路上，他欣赏着窗外的风景，看着沿途停靠车站的站牌，以往在地理课上学到的地名、江河和城市，现在似乎都触手可及。车窗外景色飞逝，方永刚忽睡忽醒，思绪的翅膀穿越宇宙时空。

他的人生之路，将开启新的里程。

上海站到了。

方永刚走出火车站的出站口，一眼就看到了"复旦大学新生接待处"醒目的大标语。方永刚像见了亲人一样跑上前去。

"我是方永刚，辽宁省建平县的。"他边说边掏出录取通知书递了过去。

接站的老师和同学热情地拉着方永刚的手。

"咦？你的行李呢？"

"同学，你的皮箱呢？在哪儿？我们帮你拿。"

方永刚说："我没有皮箱呀，也没有什么行李。"他指了一下随身携带的一包很简单的被褥，"就这些，全部。没有了！"

那套被褥很薄，也很旧，但洗得很干净。

这时候，几位老师和同学才仔细地打量起这个来自山海关外的新生。他穿着的是早已过时的衣服，衣角已经磨损得开线了，脚上是一双已经掉色的旧胶鞋。也许，这是他最好的一身衣服了，如果不是重要的场合他一定舍不得穿出来。

接站的同学们帮着方永刚拎着那套被褥走进了学生宿舍。

"咱们这儿学生宿舍比较简陋，克服一下困难吧！"同学把方永刚的被褥放在一张床上，热情地介绍着。

方永刚环视了一下宿舍。

他惊讶地说："这条件多好啊，我做梦也没有想到，这里的学生宿舍会这么好。你看这窗户，还有课桌，床也宽敞。呀，地面都是水泥铺的呀！"

很快，方永刚和宿舍的同学们便熟悉起来了。别看方永刚来自偏僻的农村，可他并不胆怯，话匣子打开了就收不住。

"哎呀，你们不知道，我在高中时的条件，是多么艰苦呀，我们的宿舍没有暖气，冬天只能生炉子取暖。晚上学生洗脸洗脚的水溅在宿舍的地面上，第二天早晨起来，就结成冰啦，一踩溜滑呀。夏天？夏天也不好过，你们知道我们那一个宿舍多少人？十几个？错啦，是几十个，通风不好，又潮又闷……"

吃饭的时间到了。方永刚在复旦大学的第一顿饭，感觉就是三个字：太好了！

在后来的很多日子里，方永刚回东北老家遇到亲友或者同学同事，都眉飞色舞地极力劝说："让你们的孩子好好学习呀，争取考复旦大学！"

"是呀，谁不知道复旦那是全国的名牌大学呀！"

这时，方永刚会像相声演员抖包袱似的猛地抖出一句："恭喜你答错喽，是复旦的伙食好呀，太好啦！又好吃，又便宜！"说完，还夸张地吐一下舌头，仿佛是在回味那诱人的美味佳肴。

在方永刚求学期间，党和政府向来自贫困地区的学子们伸出了温暖的手，让方永刚充分感受到了这个时代和社会的热情关怀。

方永刚从建平县背来的被褥太薄了，学生干部给他送来厚被子："上海的冬天没有供暖，被子薄要受冻的。"当然，被子是免费送的。

辅导员老师来了："永刚，这是给你的救济钱。这个月是二十三块五。快收下吧！"

方永刚来读大学，不仅不用交钱，而且学校还给发钱，这让方永刚无比感动。是的，学校的救济款，是以助学金的方式来发放的，分甲、乙、丙三个等级。甲等是最高级别的，一个月可以得到二十三块五。这个数目，在当时的物价下，不仅能让方永刚吃饱肚子，而且还能吃得比较好。

"我上大学，是党和国家供我念的书！"

在很多年之后的一些演讲的场合，每当方永刚讲到自己读大学的时光，总会充满着感恩之情，大声地表达着内心里火一般燃烧的谢忱。

我要感恩，我一定要报答我们的国家！

方永刚没有辜负这个时代，他把学校给自己的关爱，化作了一种强大的动力，那是一种无法用言语来形容的驱动力，如同初中、高中时的拼搏一样，他抓紧一切时间拼命地学习。

他是那届复旦大学历史系里，学习最刻苦的学生之一。

畅游在知识的海洋

复旦大学创建于一九〇五年,原名复旦公学,是中国人自主创办的第一所高等院校,创始人为中国近代知名教育家马相伯,首任校董为中国近代民主革命先行者孙中山。

校名为什么叫复旦呢?

"复旦"二字选自《尚书大传·虞夏传》名句"日月光华,旦复旦兮",意在自强不息,寄托当时中国知识分子自主办学、教育强国的希望。复旦的师生们都会记住这所大学的校训:"博学而笃志,切问而近思。"

方永刚来到复旦大学,处处都感到新鲜。但是最大的感受,其实并不是学校的伙食好、大楼高、环境优美，而是在这所大学里，他平生第一次看到那么多的书籍。

"我感觉自己真是掉进了知识的海洋。"方永刚给家人的信中这样写道。

在家乡建平县的时候，方永刚除了教材，根本没有机会读到更多的书。走进复旦大学，和那些来自大城市的同学相比，他很快发现自己的视野、知识面都太狭窄了。

方永刚读的是历史专业。

历史是什么？

历史是从古至今流淌过来的一条宽大辽阔的河流，历史是人类社会过去发生的事件和活动，以及对这些事件和活动的系统记录、研究和诠释。历史永远是客观存在的，无论史学家们如何书写，历史都以自己的方式存在，不可改变。然而，历史又是延伸的。历史是文化的传承、积累和扩展，是人类文明的轨迹。

方永刚感到自己的家乡建平县是小溪，而这里才是大海。

在初中、高中读书时的方永刚是最健谈的，

他面对与自己年龄相仿的同学，总会用滔滔不绝的表达，来分析某一个事件，来阐述某一个道理。

从某种意义上来说，方永刚天生就喜欢表达。

精彩的表达是人生成功的阶梯。方永刚很早以前就在揣摩语言表达的技巧，为此他曾多次模仿评书大师刘兰芳的语调来和同学们讲历史故事。他在表达的过程中，完成了自己的又一次思索；他在传递信息的同时，也在丰富着自己，并发现了自己的不足，进而会找到一种快捷的方式，迅速地补充和完善自己。

然而，当他到了复旦大学之后，他发现同学们都是从各省考来的尖子生，和这些同学相比，自己真的是太无知了。

大家在一起谈西方哲学、中国哲学、中国古代文化……

萨特、叔本华、尼采、老子、庄子、王阳明……

有好多次，方永刚竟然插不上话，人家说的那些书、那些知识，他竟然没有读过，甚至没有听说过。

当然,这也是很正常的。方永刚想起了高中语文学过的一段古文:"或生而知之,或学而知之,或困而知之,及其知之一也。"

世界上没有生来就知道一切的人,就是要通过学习才能掌握知识,明白事理。

在高中读书的时候,方永刚就喜欢这句英语:Never underestimate your power to change yourself!(永远不要低估你改变自我的能力!)这些励志的名言,像火焰一样激励着方永刚。

方永刚暗暗下决心,一定要认真补课,抓紧一切时间,迎头赶上。

上大学后的第一个寒假到了。方永刚没有回家,他给家里写了封信,请家人不要牵挂他。不回家,就意味着要牺牲春节假期和家人的团圆了。寒假挺长的,方永刚的同学们都走了。毕竟是第一个寒假呀,他们的家人都在盼着孩子早日归来呢。

方永刚不回家的理由,并没有在信中详说。很多年之后,当他提及第一个在复旦大学度过的寒假时，方永刚终于说出了缘由：一是路太远，他太穷了，没有路费，尽管学生票享受优惠，他也买不起；二是他要利用这个假期在学校里多看一些书。

方永刚后来才知道，他的父亲在接到说儿子寒假不回家的消息后，一个人躲在屋里大哭了一场。

寒假的复旦校园相对安静了许多，方永刚没有任何干扰了，他像一条鱼一样，尽情地畅游在知识的海洋里。

在进入复旦的第一个学年，方永刚完成课程学习的同时，利用课余时间，读了大量的书籍，哲学、历史、军事……他像一个饥饿的人扑到面包上一样，拼命地汲取着知识的营养。

他有一个习惯，读完了一本书，就要做一个简单的记录。

在第一个学年，为了增加自己的中国文学知识，他开始读中国名著。一个学期里，他竟然读了八十四本书，如果把这些书摞起来，会比方永刚的个子还要高呢。可方永刚就是以这种蚂蚁啃骨头的精神，一页一页地读完了。

从中国文学，到西方的文学、文学史、哲学史，老师给他开的书目，他都会提前读完，然后再从图书馆抱来一摞新书，一本接一本地往下"啃"。

到大二的时候，他已经成为班里读书最多的学生了。

等到了大三，那个原来大家在一起讨论历史、哲学、文学时不大发言的方永刚，仿佛从丑陋的毛毛虫一下子变成了美丽的花蝴蝶，成了全班同学关注的焦点人物。

大学生活充满着活力，年轻人喜欢辩论，有时甚至争个面红耳赤，都是一件快乐的事情。

方永刚回忆自己的大三生活时，说道："到了大三，我可以和班里任何一个同学公开地讨论各种问题，特别是我关注的东西方思想史，我可以用我学习掌握的知识进行系统的分析和阐述了。"

老师很快就发现了方永刚在理论思维上的闪光点。

"永刚，我看你的记忆力非常好，而且思路清晰，能把问题总结得简练精辟。现在咱们国家的思想理论界，极其缺少有独立建树的学者，你如果朝着这个方向用点心，会有成绩的。"

老师的话，给了方永刚一个及时的提醒，读书、思考，不再仅仅是方永刚的兴趣，而且渐渐地成了方永刚的一种责任和使命。

重要的选择

考你一个词,什么叫理论?

理论。这两个字大家都认识,可是究竟怎么解答,还真是有些难呢!

"理论"这个词很难用一句话解释清楚,但大概的意思应该表述为:理论,是指人们由实践概括出来的关于自然界和社会的知识的有系统的结论。而这种结论,是经过长期科学研究后,在某一方面形成的智力成果,这种智力成果具有指导实践的普遍适用性,它对人们的生产、生活和思想等具有指导作用。由此可以得出这样的结论:理论是从对事实的推测、演绎、抽象和综合中得出的,是对某一个或某几个现象的性质、作用、原因或起源所做出的评价、看法、提法或程式。

好了，打住吧，"理论"果然就是如此晦涩难懂。上面的这段话，你读起来肯定觉得拗口，缺少形象感。

你觉得味同嚼蜡吗？方永刚却甘之如饴。

历史，这是一个大概念，从大二下学期开始，方永刚把关注的目光集中在了中国近代史的研究上。

你知道中国的近代史是从哪一年开始的吗？

是一八四〇年。这一年是中国历史上的一个重要节点，英国发动鸦片战争，这是中国近代史开端的重要历史事件。

读了大量的有关中国近代史的书籍后，方永刚开始了认真而痛苦地思索：

从一八四〇年以后，中国积贫积弱，为什么西方资本主义传入后却没能救中国？

在二十世纪初，为什么马克思主义能够脱颖而出，为中国的革命指出道路？这个问题说明了什么呢？

中国有那么多的仁人志士，都想改变中国的

命运，他们奔走呼号，殚精竭虑，忘我奋斗。还有那么多人抛头颅，洒热血，牺牲了自己的生命，可为什么还是没有成功呢？

这一系列的问号，在方永刚的头脑里旋转着，他思考着。这种思考很耗费精力，然而，思考给他带来的精神上的快乐，任何物质都无法替代。

诚然，前面提到了"理论"一词，大多数人，包括方永刚的大学同学们，对这个词都不会有什么兴趣。是呀，如果不是应付考试，谁会躲在教室里去"啃"那砖头般厚重的理论书籍呢？

这些"砖头"，方永刚却"啃"得津津有味。走进图书馆，他享受着高层次的精神大餐。眼前所见的文山书海，胜过满汉全席。

方永刚读的那些"大部头"理论书籍有一个称谓，叫"原著"。原著的意思是原版的书籍，而不是缩写本、删节本或改编本，有了一定外语基础的方永刚，已经逐渐能读外文版的相关书籍了。

仅一个学期，方永刚就读了这些原著：《马克思恩格斯选集》四卷本，《列宁选集》四卷本，

《毛泽东选集》四卷本。

方永刚凭着惊人的记忆力和缜密的思维，刻苦钻研，将支离破碎的知识碎片结成了一张密密的大网。他发现自己可以站在一个较高的领域，来俯视历史的发展走向，他为自己的一个又一个发现激动不已。

在教室，在宿舍，在图书馆……

青灯一盏，或弯月如钩，或夜莺浅唱，或月满西楼。花开花落，云卷云舒，岁月悄悄地在窗外的松柏上刻画着年轮，而方永刚在探求知识的路上，不断地丰满着自己的羽翼。

在近代史研究上，方永刚是一个孤独的探险家，他在崎岖的山路上不停地攀登着。他从不气馁，他知道自己离目标越来越近了。

"永刚，你的学习成绩这么好，毕业后打算做什么呢？"有同学关心地问。

"哦，我还没有想好呢。"方永刚一笑。

"毕业论文你想写哪方面的研究？"

方永刚说："中国的近现代思想史研究，我很喜欢。"

"你哪里是喜欢呀,在咱们这个班里,你就是当之无愧的专家了,关于近现代的思想史,你简直就是一本'活的历史书',谁有问题,你张口就能给出标准答案呀!"

方永刚又是一笑,说:"这有什么呀!就是多看了几本书呗。"方永刚总是那样谦虚和低调。

在临毕业的那些日子里,方永刚做出了一个重要的选择。

他要考研究生。

他的本科成绩非常优秀,老师曾几次暗示他,中国的近现代思想史这门课,方永刚在本科阶段基础扎实,如果他报考本校的研究生,有相当大的把握被录取。老师说:"你如果不报考咱复旦的研究生,真的太可惜了。"

报考研究生需要办一系列的手续,比如要提前填表、照相、定考场等。方永刚都按照要求一一做了。因为他报的研究生专业就是近现代思想史,他甚至不用再做额外的准备,关于这个专业的知识,他早已烂熟于心,他对自己的实力还是有信心的。

可是，在方永刚走进考场时，他又做了另一个重要的选择。

他做这个选择的原因是，考试的前一天收到了一封家乡来信。他的弟弟也考上了大学，可是家里早已是捉襟见肘了，没有钱同时供他们兄弟上学。

方永刚走进了复旦大学的研究生考试考场。

此刻，那些像手掌纹一样清晰的近现代思想史，都已经被风吹得一干二净，他的脑海里想的都是那封家乡来信。

方永刚在卷子上，郑重地写上了自己的名字。然后，他站起身来，悄悄地离开了教室。

有老师在后面追问："方永刚，你怎么不考了？"

方永刚用手背擦了一下眼角，强忍泪水，笑了笑，说："老师，我现在的第一要务，不是自己的发展问题，是我父母兄弟的生存问题。"

同学们也不理解："明明能考上研究生，为什么要放弃呢？"

他还是笑了笑，说："不行的，我得工作，

我要挣钱！我家太穷了，我不能为了自己再读研了。"

他走出复旦大学、告别母校的那一刻，泪水已经湿透了衣襟。

你好，大连

二十世纪八十年代的复旦大学毕业生，在哪儿都是极为抢手的人才，从复旦大学毕业的方永刚面临着多种就业的选择。

那一年，整个东北三省考上复旦大学历史系的，只有两个人。

方永刚是可以留校的，但是上海毕竟离家太远，如果他在上海工作，就无法顾及家里，这个选择必须放弃。

方永刚也可以去北京，北京有单位点名要他。北京，那里可是首都呀，进入国家机关，那儿的发展空间不可限量。许多人梦想能在北京找一份工作，机会就在眼前，方永刚还在等什么？

可方永刚还是摇了摇头。北京当然不错，离家还是远了些，放弃吧。

第三个选择是沈阳。辽宁大学和辽宁文史馆都向方永刚伸出了橄榄枝，但方永刚还是拒绝了。

方永刚最后选择了大连。他来到了海军政治学院（后并入海军大连舰艇学院）。

在人生的这个十字路口上，有一个人给方永刚指了一条路，这个人叫陆惠烨。他是一个很热心的人，也是复旦大学的毕业生。在这个关键的时候，陆惠烨对校友方永刚说："有个学校，你可能没有听说过，叫海军政治学院。"

"在什么地方？"

"大连！那可是个好地方呀！"

"是吗？你快和我介绍一下。"方永刚急切地说。

"到海军政治学院去，机会千载难逢呀，我和你细说一下吧。"

方永刚睁大眼睛听着。

"一是部队的待遇是地方比不了的，部队的工资要比地方高。"

这句话对方永刚太有诱惑力了,而且部队进行现代化建设非常需要像方永刚这样的人才。在部队里,方永刚完全可以施展才华,大干一场。

"二是你到了海军政治学院,就算入伍当兵了。不,你不是兵,而是部队的干部了,会发给你军装的。"

可以穿军装!方永刚童年时的一个梦想被唤醒了。小时候的方永刚多么羡慕当兵的人呀!有一次,解放军的一个连队到罗卜沟拉练,上小学的方永刚和村里的几个小孩,跟着部队跑了好几里路呢!当时他们几个孩子就立下誓言,长大一定要当解放军!

陆惠烨瞅着方永刚,方永刚的眼睛里闪烁着希望和幸福的光芒,仿佛他已经穿上了威武的军装。

"如果我想去海军政治学院,那还是要办理入伍手续的,我可以吗?"方永刚有些胆怯地问。

"一点儿问题都没有,只要你同意,我来推荐,所有的手续都会由组织出面办理的。"

"好的，我就到部队去！到海军，到大连！"方永刚站起来，朝远方望着。

"你真的定下来了？不再犹豫了？"

"一言既出，驷马难追！"

方永刚第一次来到了大连。

他走在大连的街道上，海风拂面，绿树摇曳，街道边的商店里播放着一首首悠扬的歌曲，那优美的旋律像鸽子似的在天空中飞翔。

他走进了舰艇学院的大门，穿上了威武的军装。他跑到照相馆拍了一张彩色照片，那时候，彩色照片才刚刚兴起，照片上的方永刚，青春蓬勃，一脸阳光。他把照片洗了好几张，寄回了老家。

这是一九八五年七月。

你好，大连

一张汇款单

方永刚的家乡——地处辽西的建平县是一个贫困县，方永刚的苦难童年真的让我们唏嘘不已，感慨万千。

这不是虚构，生活的现实就是如此残酷。正是这所"苦难的学校"塑造了方永刚的性格，也奠定了他坚忍不拔、崇尚信仰的基石。

方永刚从来没有嫌弃过生他养他的这块土地。他对家乡的热爱，是一种深入骨髓的情愫，无论他走到哪里，无论他的身份有怎样的变化，家国情怀早已融入了他的血脉，与他的生命永远地连在一起。

改革开放后，建平县发生了翻天覆地的变化，方永刚的苦难童年已经成了历史的回忆。

建平县这片土地，不仅风沙大，而且干旱少雨，但这里也是英雄的故乡。无论在任何场合，方永刚只要讲起他的家乡，脸上都洋溢着骄傲和自豪的表情。

"你们知道陈镜湖吗？他是中国共产党早期的革命领袖。这个人很了不起的，一九一九年'五四运动'时，他就结识了李大钊同志。他加入共产党是谁介绍的？就是李大钊呀。一九二三年，还不到二十三岁的陈镜湖就加入了中国共产党。据党史记载，他是东北地区最早的共产党员。这个人的老家，就是我们建平县。不幸的是，一九三三年五月十二日，陈镜湖奉命从张家口出发去张北一带点验武装部队，途中遭遇袭击，壮烈牺牲，年仅三十二岁。"

方永刚介绍完陈镜湖，又和大家说起了另一个著名的人物——作曲家聂耳。

"大家对国歌都非常熟悉了，《义勇军进行曲》，作词是田汉，作曲就是聂耳。聂耳在一九三三年，曾来到我们辽宁西部的建平。聂耳到建平来做什么呢？他是随慰问团到建平一个叫朱碌科的地方，慰问这里的义勇军战士来了。在这里，他目睹义勇军英勇杀敌，被义勇军的精神激励。后来，聂耳得知电影《风云儿女》有首主题歌要写，他就一直在酝酿着要为这部电影里的'义勇军'写一首歌。他看着田汉写的歌词，哦，那个原始的手稿，是写在一个香烟盒的包装纸上的，他想到了朱碌科的义勇军战士，激情被点燃，大笔一挥，一首惊世之作就在建平县这个地方诞生了。你能说建平不是一片神奇的土地吗？我的家乡建平县，那是国歌诞生的地方呀！"

说到这里，方永刚总会停顿片刻，接着和大家解释："是的，这个说法，在史学界是有争议的，聂耳究竟是不是在建平县创作了《义勇军进行曲》已经无法考证。但我坚定地相信，聂耳在一九三三年来建平县慰问义勇军，对他创作这首曲子一定有很大影响。我为我的家乡建平感到骄傲和自豪。"

在很多场合演讲时，提到自己的家乡，方永刚还会话锋一转，把大家带到六千年前的"红山文化"中。

"有些朋友可能听说过历史上的'红山文化',这在考古史上是很有名的呀。红山文化、牛河梁,你们知道在哪儿吗?就在我的老家建平。是的,红山文化的发现被历史学家称为'中华文明的新曙光',是世界性的伟大发现。你们有机会呀,一定要到建平去参观一下红山文化遗址。在那里出土的女神头像被誉为'东方维纳斯'。另外,在我们建平县境内还存有战国时期的燕长城、金代古塔、辽代古城,建平县充满了古文化的深邃魅力。"

方永刚参加工作后的第一个月工资发下来了,一百元。

在一九八五年,一百元的月工资可算是高收入了。穿着军装的方永刚拿着这一百元,来到了邮局。他要了一张汇款单,把钱全部汇给了父亲。

几天后,那张绿色的汇款单被邮递员送到了方永刚的父亲方德会的手上。

一百元,这简直是一笔巨款呀!"这是儿子寄来的,儿子给咱们寄钱啦!"方永刚的父亲高兴得手舞足蹈。

收到汇款单的那天,也是方家的节日。方家人个个喜气洋洋,奔走相告。方德会手举着那张汇款单,在村里挨门挨户地告诉了乡亲。

"你们看,我们家老墩儿寄来的!对,对,就是永刚,人家是大学生军官呢!"

那张汇款单在方家展览了快一个月,方德会也舍不得去取款。

乡亲们都羡慕老方家:"你们培养了一个又懂事又有出息的好儿子呀!"

"永刚这是没有忘了咱们家乡呀!"

第一次上讲台

列队集合，出操，走正步……

穿上军装的方永刚首先要到部队训练，摸爬滚打的项目一样也不能少。这与方永刚在复旦大学学习的艰苦有很大的不同，读书那是脑力劳动，而在部队是身体力行，要实实在在地训练。

很快，方永刚与连队的干部和战士就打成了一片，他随和、健谈，很受欢迎。部队的官兵也了解到，这位穿着军装的大学生是舰艇学院的教员，大家有什么学习方面的问题，都会向他请教。

那段时间在部队的锻炼，是他正式讲课前的热身活动，也是在做准备工作。

虽然方永刚这些年一直在读书，学了不少知识，但怎样把肚子里的学问变成学员喜欢听且能听懂的语言，方永刚还没有实践过。

这需要一个过程。

在基层连队的实践，方永刚的表现是优秀的，为此他还获得了三个嘉奖，也让他对部队的现代化建设有了亲身的感悟。比如，他参加了舰艇导弹试射行动。这让他十分兴奋和激动，亲眼看到祖国的海防建设取得了如此巨大的进步，他对祖国的未来充满了信心。

一九八六年，方永刚从部队基层连队回到了学院的教研室。

"给我分配任务吧！让我登台讲课吧！"

方永刚好几次主动请缨，要求学院的领导给自己派活。领导看着他着急的样子，总是笑着说："永刚，你先别急，还是要做好准备工作，选好题目，好好备你的课。"

方永刚知道领导是在考查他，因为自己还没有在学院讲过课。虽然是名牌大学毕业，但能不能把课讲好，还是一个未知数。

"好，暂时没有讲课的任务，那我就抓紧时间学习，对着镜子练习演讲。"方永刚对自己说。

部队的工作条件和生活条件都非常好，方永刚的身影在教研室、图书馆里穿梭着，书本的字里行间是他思维奔跑的小路，而知识也犹如缕缕清风，伴随着他的梦想，如蒲公英的种子随风飞翔。

上讲台的机会终于来了。

方永刚第一次上讲台的机遇来得很偶然，或者说有点戏剧性。

当时，学院的一位资深老教员，正在天津的海军政治学院做系列讲座，可是这位老教员突然视网膜脱落，被紧急送到医院。医生说必须入院治疗，而且治疗的时间比较长，想在短时间内重返课堂是不可能了。

这可怎么办？学院的学员已经按照计划集结完毕，总数是一百二十四人，计划课时是八十多个，老教员立刻向舰艇学院的领导做了汇报。

领导找到了方永刚，下达了命令。

"你马上去天津！现在就出发！"

临危受命,"救场如救火"呀。

八十多个课时,一百二十四个学员,这是领导交办任务的主要数据。授课的内容呢?领导说:"你在大学的专业是历史吧?这次你就讲中国历史。"

"请首长放心,保证完成任务。"

在前往天津的路上,方永刚认真地思索着自己讲课的内容和方式。那个时候,讲课还没有今天的多媒体设备,PPT等软件还没有出现。方永刚在笔记本上大体上按照八十多个课时做了一个内容与时间的分配框架。

一百二十四个身穿军装的学员,整齐地坐在座位上。他们都在想,两天前给他们讲课的老教授病了,今天来替代讲课的教师竟然这么年轻。

一九八六年的方永刚二十三岁,和坐在下面听课的学员年龄差不多。

"这个姓方的老师会讲好吗?"学员们的心里难免产生怀疑。

第一次面对这么多的学员,而且是急匆匆地赶来讲课,方永刚的心里其实也没有底。

他环视了一下大家，尽量稳定自己的情绪。

"别紧张，我的这次系列课，是中国历史，这是我的专业，是我的强项呀。我会讲好的，一定会的！"他不断给自己鼓劲。

方永刚第一次讲课的开场语是这样的：

"大家都知道炎帝、黄帝的故事吧？今天的历史课，我就从黄帝讲起吧。"

方永刚转过身，拿起粉笔在黑板上写了"黄帝"两个大字。

方永刚的字写得潇洒漂亮，赢得了一片赞叹之声。而他的语言表达，更让大家有惊艳之感。

"据说黄帝是有熊国君少典氏的儿子，母亲名附宝，有一天晚上她看到北斗第一星——天枢闪过一道电光，照亮四野。嘿！就是因为这一道电光，附宝竟然怀孕了。咱们大家都知道吧？人是十月怀胎，一朝分娩。可是附宝怀孕时间竟然长达二十四个月，才生了这个孩子。是的，你们猜对了，这个神奇的孩子就是黄帝。很多古书上都对黄帝的出生有过描写，说他出生时，紫气满屋。你们闭着眼睛想一下，这样的人多么神奇！

另外，你们可以回去翻看一下记载黄帝生平的典籍、辞书，在'黄帝'两个字的后面，都会有一行标志着年龄的数字。"

说着，方永刚转过身来，用粉笔在黄帝的名字下写着：

公元前二七一七年至公元前二五九九年

"黄帝活了多少岁？上面是最简单的数学题，一百一十八岁呀！

"在母亲的肚子里孕育了二十四个月，活了一百一十八岁，这怎么可能呢？《史记》上记载的是：'三百八十年，黄帝仙登于天。'一百一十八岁都值得怀疑，三百八十年就更不靠谱了。所以说，古代历史上很多事情，就是传说，写在纸上的东西，也并不一定是真实的。"

说到这儿，方永刚停顿了一下，端起水杯喝了一口水。

"可是我们为什么还要学习历史呢？是为了去伪存真，了解先人的生活，学习先人创造的知识。目的呢，是激发自己的创造思维，来创新和推进历史的进步和发展。人类就是在学习的过程中不断前进的，我们在生活的过程中，也创造着历史。"

方永刚第一次上讲台就获得了成功。他的课受到了学员们的欢迎，他们没有想到，这么年轻的教员竟可以出口成章，把历史课讲得像评书一样吸引人。

这并不奇怪，这就叫厚积薄发。

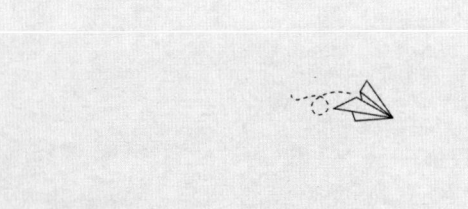

把每一堂课都讲成精品

从一九八六年第一次登台讲课,到二〇〇八年病逝,在二十二年的时间里,方永刚一直没有离开过讲台。他热爱自己的教师事业,他用自己燃烧的人生,诠释着什么叫践行信仰的播火者。

方永刚最初的讲课内容是中国历史和世界历史,一九八七年十月,他调入了舰艇学院的科学社会主义教研室,之后,他主要讲科学社会主义、国际共产主义运动史、"三个代表"重要思想以及科学发展观。

"我要把我的每一堂课都讲成精品。"这是方永刚给自己设定的讲课标准。

这样的理论课会讲得让人喜欢听吗?

方永刚做到了。

大连小龙街的干休所里住的都是离退休干部，干休所发出了通知：邀请舰艇学院的方永刚老师来讲课，题目是《党的创新理论研究》，时间定在那天的下午三点至四点，地点在干休所二楼会议室。

"哎，你们看到所里贴的通知了吗？下午有一个讲座。"

"我看到了，我还以为是请了医生来讲怎样预防'三高'的养生保健课呢。原来是理论课，这个理论课有什么好听的？不去了！"

干休所的许多老干部对方永刚不了解，对理论课也不感兴趣，这是事实。

在这个小龙街干休所里，还住着一位老红军，他资格老，年龄大，对国家大事非常关心。他问儿子："听说有人要来讲党的创新理论，我想去听听呢！"

儿子阻拦他："老爸呀，您都多大的年龄了！还有心脏病，就别去了。"

老红军挺犟："我是老红军，也是老党员，党怎么创新，我真想去听一听！"

"讲座一个小时呢，时间长，您身体受不了！"

"那我听半个小时不行吗？"老红军先让一步。

"不行，听十五分钟吧！"儿子又给减了一半。

"去，听听再说！"父亲坚持着。

儿子看拗不过父亲，迁就地说："好吧，咱先说好了，就去十五分钟，听一会儿就回家。"

老红军同意了。

方永刚每次讲课都非常动情。

"各位前辈，大家好，如果当年你们没有坚定信仰，跟着党打江山，浴血奋战，我们今天怎么能坐在这个温暖如春的会议室里，回顾过去走过的历程呢？所以，在座的各位老前辈，比任何人都关心国家的命运，关心党如何带领十亿人，朝前走……"

方永刚讲的是理论课，但他绝非空洞地讲理论，他总是从故事入手，从身边的小事切入，如同邻家的孩子一样与老干部拉家常，亲切而朴素，忽而举例分析，忽而概括总结。

十分钟过去了，老红军听入迷了，根本没有要走的意思。半个小时过去了，连老红军的儿子也被方永刚的讲课吸引了。

老红军一直听完了方永刚的课，一个小时一动也没动。

听完了课，老红军上前拉住方永刚的手，竟然当场哭了出来："孩子，你讲得太好啦！你把我多年的心结都解开啦！"

本溪电视台新闻部有一个见多识广的新闻记者。这一天，电视台的台长找到了他："交给你一个任务，去大连出一趟差。"

"到大连？什么任务？"

"大连的舰艇学院，有一位姓方的年轻老师，在大连市的一个礼堂做理论报告，你带着摄像机录个像，回来报道一下。"

这位记者一听，耸了一下鼻子，不太情愿地说："理论报告有什么新闻亮点呀？能不能派别人去？"

台长眼睛一瞪，说："省里的好多新闻单位都去，你赶紧准备吧！"

方永刚在报告会上的简练开场白一下子就吸引了在场的听众，他的报告旁征博引，大张大合，语言风趣，会场气氛十分活跃。这位记者觉得自己经验丰富，什么样的演讲都见过，但还是被方永刚的讲课吸引了，竟然听得入了迷，差点忘了打开手里的摄像机。而他身边的一位报社记者，连上厕所的工夫都怕耽误，中间休息时才一路小跑去了趟洗手间。

听方永刚的课，不仅仅是政治上的收获，也是一种精神和艺术上的享受。

方永刚带过的一个研究生，曾用数据调查的方式，对自己的导师在讲坛上的艺术魅力进行过分析。他说，有一次方永刚在大连轻工学院大礼堂做报告，时长一个小时零十分钟。在这场报告中，观众自发鼓掌的次数高达三十二次。

辽宁监狱警察培训中心想请方永刚来讲课，单位领导有些不放心，说："咱们还是要谨慎一点儿，政治理论课那么枯燥，不好讲，要是把人

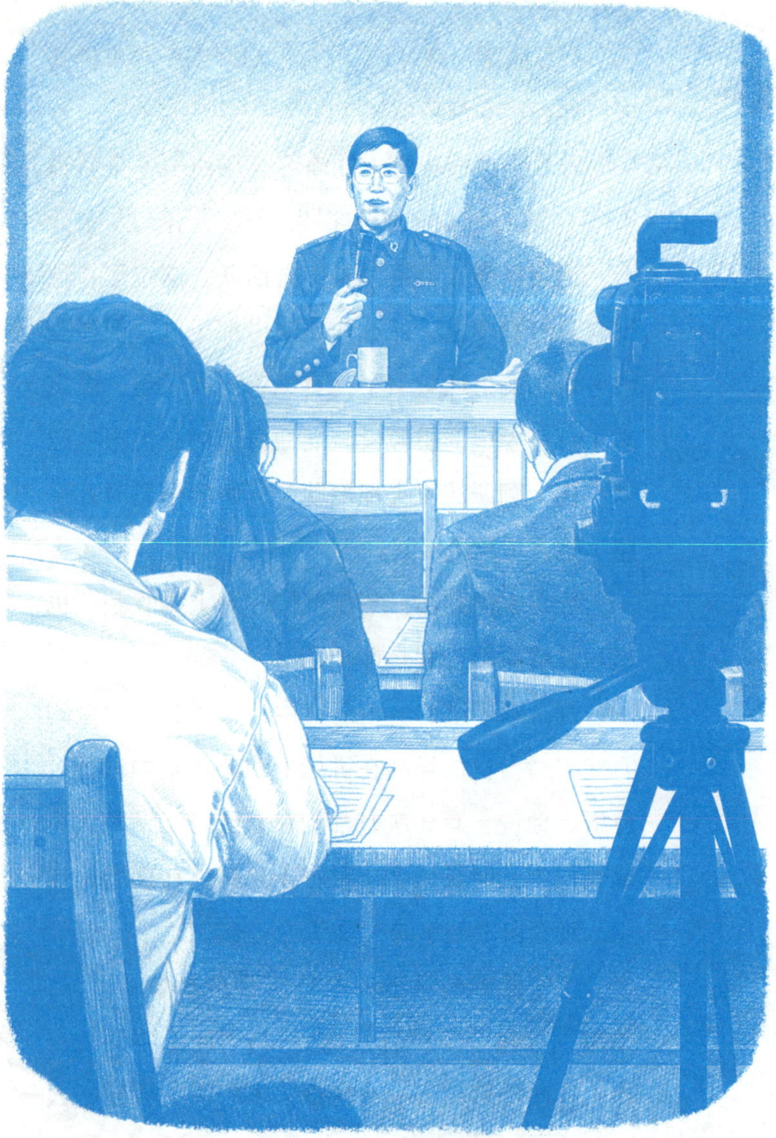

都给讲跑了，怎么交代呀？"

最后，他们商量先派两人去偷偷"查课"，就是不打招呼，先听一听方永刚在别的地方讲的课，然后再决定是不是邀请他来。

两个"侦探"出发了，在方永刚报告会的会场上当"卧底"。

嚯！这一查不要紧，他们忘记了时间，也忘记了来"查课"的目的。"这课讲得太好了，真是精品呀，让我们大开眼界，收获满满，比听评书还过瘾呢！"

博采众家所长

大连的风景是美丽的。

早晨,舰艇学院从梦中醒来了,晨曦像水一样洒在校园的小路上。秋风微微,黄黄的叶子像一把把小扇子在轻轻摇曳。有人急急忙忙地赶着上班,有人在散步,有人在运动,还有人在遛狗,路上的情景总是这么多姿多彩,阳光总是这么明媚。

在公园的一片小树林里,方永刚一边散步,一边嘴里不停地练习着绕口令:

八百标兵奔北坡,

炮兵并排北边跑,

炮兵怕把标兵碰，
标兵怕碰炮兵炮。

这一段绕口令说完了，他又开始练习下一段：

扁担长，板凳宽，
板凳没有扁担长，
扁担没有板凳宽。
扁担要绑在板凳上，
板凳不让扁担绑在板凳上，
扁担偏要绑在板凳上。

还有更难的一句绕口令，真是太拗口了——

大花碗里扣个大花活蛤蟆。

不信你试试看，这句话用最快的语速，反复说上十遍是什么感觉？

方永刚不是相声演员，也不是评书演员，他是部队的专业政治教员。演员也好，教员也好，都是通过嘴巴来实现自己的价值的。

没有良好的口才，读再多的书也是一种遗憾。

方永刚要做一个最好的老师，这些语言的基本功是需要训练的。

他喜欢听评书，不仅是刘兰芳的《岳飞传》，单田芳、袁阔成、田连元的评书，他也喜欢听。他细心揣摩，在吐字、语气、节奏方面汲取这些艺术家的营养。

"我们上政治课，让听众坐下来，坐得住，靠的是什么？是你在演讲的过程中，传递出的新鲜的见解，是你用语言引领听众进入一种你设定好的情境。这需要你既有理论的功底，又有艺术表达的技巧。你看，那些说评书的人，他们使用悬念，设计'包袱'，这都是值得我们学习和借鉴的。

"当然，还有你的手势配合，你的眼神要有光，你站在讲台上，不可照本宣科，拿出一本稿来给大家念。稿子一拿出来，你这堂课就失败了。"

方永刚收集了许多古今中外演讲大师的优秀演讲案例。

孙中山，这位中国民主革命先行者，为了宣扬三民主义，他给自己设计了一套当时被人指责的"奇装异服"，这种服装，现在叫"中山装"。

"大家看见没有？这衣服的前面有四个口袋，表示国之四维：礼、义、廉、耻。袖口上有三粒纽扣，表示三民主义，就是民族、民权、民生。"

世界上的那些著名演讲家，都有自己的特长，比如，马克·吐温的演讲以幽默见长，马丁·路德·金以语言的感染力见长，丘吉尔以气势和正义感见长，罗斯福以深刻的内涵见长。

从根本上讲，政治理论课就是演讲。这是一门科学，方永刚进行过认真的研究和探讨。

比如，演讲词有一种独特的魅力，它与书面文字不一样，是用来"听"的文学。演讲词如果没有文学的底蕴就不会吸引人。

演讲的特点还在于有现场感，不在演讲现场，是很难感受到演讲的魅力的。

人类的听觉承载的内容没有视觉多，一段文字可以不断地看，反复品味，但听一段文字，"现场"过后，就必须借助录音设备，否则不便于把对象当作一个整体来看待。

一个对演讲研究得细致入微的人，怎能不成功呢？

方永刚在高中的时候，就特别喜欢读鲁迅的作品，到复旦大学后，他曾专门到鲁迅故居参观，追寻先生的足迹。

鲁迅一直是方永刚的榜样。

在方永刚看来，鲁迅也是二十世纪中国数得上的杰出演讲家。据不完全统计，鲁迅一生有六十七次演讲。他的演讲如同他的杂文和小说一样，是闪电，是投枪。他的演讲足迹从风起云涌的京师，到惊涛拍岸的粤港，在那羸弱的身躯内，鸣响着民族魂的强音，《娜拉走后怎样》《老调子已经唱完》《无声的中国》等，至今一直回响在我们的耳畔。

方永刚在上海的鲁迅故居，迈着轻轻的脚步，徜徉在历史的岁月长廊，仿佛听到了先生那铿锵有力的声音。

追寻着先人的足迹，方永刚利用一切机会和场合来充实自己，打造自己。

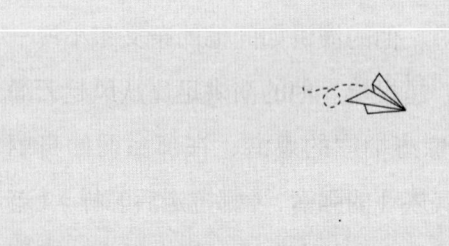

三个条件

听过方永刚讲课的人,都有这样的感觉:他讲起话来,声音洪亮,字正腔圆,即使不用扩音设备,他的声音也能清晰地传到教室的每个角落。

方永刚讲起课来充满了激情,哪怕只讲五分钟他也会精神抖擞,讲得生动有趣,用语言点燃大家的激情,让整个会场笑声、掌声此起彼伏。

时常有这样的情况,主办单位提前很久就来和方永刚联系讲课事宜。

"方教授,您来我们这儿讲课有什么要求?需要我们提前做哪些准备?"

这时,方永刚会伸出右手,竖起三个指头,

笑着说："我讲课需要三个条件。"

"三个条件？哦，都是什么？快请说。"

"第一呀，"方永刚伸出一个手指说，"你得给我准备一条毛巾，我呀，讲起话来容易出汗，毛巾、纸巾都行，用来擦汗的。"

"哦，这算什么条件呀？再说第二个！"

方永刚又伸出了两个手指，说："我讲课费嗓子，所以，得给我准备一壶水。"

"好的，没问题，您是喝饮料，还是喝茶呢？是喜欢铁观音、大红袍，还是龙井、普洱？"

方永刚又笑了，说："哪有那么多说道？只要白开水就可以了！"

前两个条件真是太简单了，问话者这时想，重点戏肯定是在第三个条件了，这第三个条件是什么呢？主办方的人伸出了三个手指头，悄声地问："那么，第三个……"

方永刚这时表情变得严肃起来，说："第三条特别重要！"

"是……"

"你要告诉我，听众的年龄层次、文化程度，这样我讲课才好有针对性。"方永刚爽朗地说。

还有的主办方同志，联系方永刚时，提出这样的问题："您演讲的时候，可以让大家提问吗？"

"提问？当然可以了，有问有答，互动起来，那才会有效果呢。"方永刚说。

"如果有提问，就让大家写纸条吧，这样您可以有选择的余地，万一有不好回答的问题，那不是让您为难吗？"

这时，方永刚会用爽快的笑声消除主办方的疑虑，他摇着头说："不用担心，不用担心，我既然敢站到讲台上，和大家交流，就要开诚布公，以诚相待。听众可以随便提问，我有问必答。假如答不好，那又有什么呢？我会坦言相告，实事求是，真理永远不怕探讨。"

人人都有嘴巴，人人都会说话。会讲课的老师真的是数不胜数，但能讲到方永刚这样的层次，特别是把政治课讲到这个水平的人，真是凤毛麟角，寥若晨星了。

是的，理论并不能凭空想象，波澜起伏，扣

人心弦。尤其是政治理论，一些术语、一些拗口生僻的词语普通人很难理解。政治理论要被人接受，被人消化，需要进行一番细致的加工和润色。演讲者没有渊博的知识，没有深入生活，没有细心的体察，怎么可能会引起听众强烈的反响呢？

让听众容易接受的理论课，绝不是空中楼阁，也不是远离人间烟火的天方夜谭。方永刚的课之所以能深入人心，有一个重要的原因，就是接地气。

他熟悉社会各个阶层的生活，知道他们在想什么，在追求什么。

比如，假期到了，方永刚从大连回建平老家，一路风尘仆仆，还没顾得上休息，就去和村里的乡亲聊天。这些乡亲有的是他的同学，有的是多年的老邻居，他们有的在种地，有的在打工，有的在放羊。

方永刚拍着他们的肩膀，坐在土炕上，坐在地头边，坐在猪圈牛棚旁，开始拉起了家常。关于粮食收购的价格、乡村干部的待遇、计划生育的政策等,只要是方永刚想了解的,他都会与他们聊一聊。

方永刚的观察力极强,他能在最短的时间内,捕捉到最真实的生活信息。他与他们像朋友一样,无话不谈,他用春雨"润物细无声"的方式,进行着细致的社会调查。

县里、乡里、村里的干部,经商做买卖的,在机关当职员的,在学校里教书的,当老板的,走街串巷收破烂的……无论你是什么样的身份,方永刚和他们都聊得来。

二〇〇一年,大连一个县城的领导来找方永刚,说:"咱们国家'入世'了,加入了WTO(世界贸易组织),我们这里的乡村干部对这件事挺关心的,但都弄不明白,让我来讲,我也糊涂着呢,你能不能来讲一下?"

方永刚答应了。

乡里的干部听说舰艇学院有一个教授专门来讲课,主题是《WTO对农民的影响》,都觉得很稀奇,纷纷前来听课。

有几个农民也来找乡领导:"我们几个就是老

农民,能让我们进去听一听吗?"

在一旁的方永刚抢先说:"我就是来讲课的老师,欢迎你们,快进来,请坐吧!"

和农民们讲话,方永刚有他自己的另一套语言系统,不讲亚里士多德、柏拉图,也不讲丘吉尔和罗素,而是用农民听得懂的语言,讲他们关心的话题。

讲课结束后,一位农民问他:"你这个教授是什么出身呀?咋还知道小麦做面包掉不掉渣啊?"

方永刚笑着说:"大爷,我呀,也是农民出身,祖祖辈辈都是农民。"

返场

知道什么叫"返场"吗?

歌星唱歌唱得好,本来唱完了,可是观众没听够,于是歌星只好再次走上舞台,为大家演唱。这就叫返场。

可是,讲政治理论课,谁见过教员返场的?

方永刚就能做到。

有一年冬天,方永刚应邀到沈阳军区某部做报告。

定好的时间是从下午四点到五点半。一个半小时的讲座结束了,可是官兵们竟然没听够!

官兵们找到了部队首长。"这个教授讲得太好了,我们真的没有听够,您和方教授说一下,晚饭后,再给我们接着讲一场吧!"

真是盛情难却,吃完晚饭后,方永刚又接着讲了两个小时。

像这样讲课返场的事情,方永刚经历了很多次。

一九九八年十月,他去外长山要塞区给部队讲课。

"白天,我们的部队战士都有任务,您看课能不能安排在晚上?"部队的一位首长问方永刚。

"我的任务就是讲课,我不讲条件,不管什么时间,我都会准时到场。"

那天晚上,讲课开始时,已经是晚上九点钟了。

许多家属竟然也抱着孩子站在走廊里来听他的课。

方永刚的课一直讲到了夜里的十一点,给大家留下了极深的印象。那一段时间,他的课排得非常满,除了讲课,他还有其他调研任务。有一次,方永刚到北海舰队搞专题调研,并没有安排讲课,可是舰队的领导听说方永刚来了,临时决定邀请他为潜艇某基地讲讲军人使命与战斗精神。

由于讲得好,部队又接二连三地请他讲课,不到一周的时间,方永刚连续讲了十五场。当然,他的专题调研报告也写得很优秀。

方永刚一直热切关心着祖国建设和发展,那些人民群众关心的热点话题,他也从来不回避。

为了把老百姓关心的下岗失业、"三农"问题、反腐败问题、老工业基地振兴问题讲透彻,方永刚经常深入群众,与大家拉家常,把生活当课堂,让老百姓给自己出题目。

他先让群众给自己上课,然后才能更好地给大家上课。

有一次,他到旅顺口区铁山镇给党员干部讲课。三个多小时的课结束后,一位八十多岁的老党员拉着他的手说:"方教授呀,你讲的都是咱老百姓想知道的。"

那年的四月中旬,大连市的一个乡请他围绕农村问题讲讲致富之策,乡领导希望,最好让乡亲们听完课之后,能学到实用的东西。

"哦，暂时不行。"

这是方永刚第一次没有马上答应别人的邀请。他说："你们要给我一些时间，我必须做一些准备，你们知道，没有调查就没有发言权呀。"

那年的五一小长假方永刚就是在这个乡度过的。他跑了许多村镇，咨询了许多专家，围绕科技致富、科技兴农等问题做了大量的笔记。

经过了一番细致的准备之后，方永刚才站在了这个乡的讲台上。

在讲台上，他从理论到实践，分析了这个乡的情况，针对此地经济建设的优势和劣势谈了自己的看法，并提议可以通过小额贷款扶持农民开展一些致富的项目。

报告结束后，一位大嫂激动地说："你的课太实用了，把党的好政策讲到咱老百姓的心坎上了，也把党的温暖送到了咱这偏僻的小山村。"

把病床当教室

方永刚骑着自行车走在马路上,他去接放学的孩子,这一天是一九九七年五月八日。

下午的阳光裹着带有一丝咸味的海风迎面扑来,街边不知哪家的店铺里,放着迎接香港回归的歌曲,悦耳动听。

五月的花儿开了,路边到处都能看见,开得真红火。哦,这就是大连的市花月季。姹紫嫣红的花朵装扮着城市的风景,绿意深深的叶子掩映着初夏的风情。当然,还有蝴蝶和小鸟,也享受着夏日美好的时光。

大连的街道弯路很多,到处都是坡,上坡下坡,速度很难把握。

突然，一辆出租车出现在方永刚的跟前，那辆车开得很快，在一个转弯处，出租车竟然驶进了自行车道。

方永刚下意识地想躲开这辆快速行驶的汽车，他将车把用力往外掰。

开车的司机没有看见路的拐弯处有一辆自行车，当眼看就要撞上自行车时，司机才赶紧脚踩刹车，猛打方向盘。

可还是晚了。

出租车的一侧重重地撞在了自行车上。

只听咣当一声，方永刚被撞倒了，摔在了离自行车几米远的地方。他痛苦地大叫了一声，便脑袋触地倒了下去，立刻失去了知觉。

当方永刚睁开眼睛，有了意识的时候，他已经是在医院的病房里了。

学院的领导、同事，方永刚的妻子回天燕都守护在他的身边，已经好几个小时了。

"永刚，你终于醒过来了！"

"永刚，你看，大家都来看你了！"

方永刚循着声音，吃力地扭转着脖子：

"嗯？"他的脖子怎么不能动弹呢？

医生说就差一片韭菜叶那么宽的距离，方永刚脖子上这根神经就断了，那将直接导致脑死亡。幸亏出租车里有位乘客是在医院工作，他懂点医学常识，是他用两手托着方永刚的脑袋，将他送到最近的海港医院救治的。

很多年以后，方永刚在回忆起那场车祸时，都十分后怕。

"当时，我的脖子被撞断了，送到医院时，人们都以为我肯定活不了啦。脖子，那可是人体的关键部位，不像胳膊和腿。"

方永刚入院时，医生是这样对他的家属说的："你们七十二小时不要离人，他随时可能咽气。"

万幸的是，方永刚活下来了。

但要恢复，需要相当长的一段时间。

"我还有课呢，还有论文没有写完呢。"他用手摸着套在脖子上的"枷锁"，感到十分不便，仿佛那是套在孙悟空头上的金箍。妻子嗔怪："你快老老实实地在这儿待着吧，是命重要还是你的课重要？"

但是，方永刚无论如何也不可能就这样"老老实实"地待在这里。

"医生，我可以看书吗？"他客气地向医生请示。

"只要你的脖子不乱动，当然可以看书了，你的手和眼睛没有问题，写字也不影响的。记住，就是脖子不能动。"

"医生都说了，我可以看书，还可以写作。"方永刚兴奋地对妻子说。医生的话最有权威，他像拿到了圣旨一样。

于是，方永刚给妻子列了一大串的书目："赶紧拿到医院来，没有书，我在这儿怎么待得下去呢？"

但方永刚也只能用手举着书看。一开始只能举三分钟，很快，他的功夫大长，可以连续举三个小时，手也不哆嗦。

他太有毅力了，大热天，他的身上很多处起了痱子，又痒又痛，但他仍然坚持看书。

他住院一百零八天，一共看了四十三本书，还完成了一部三十万字的专著——《亚太战略格

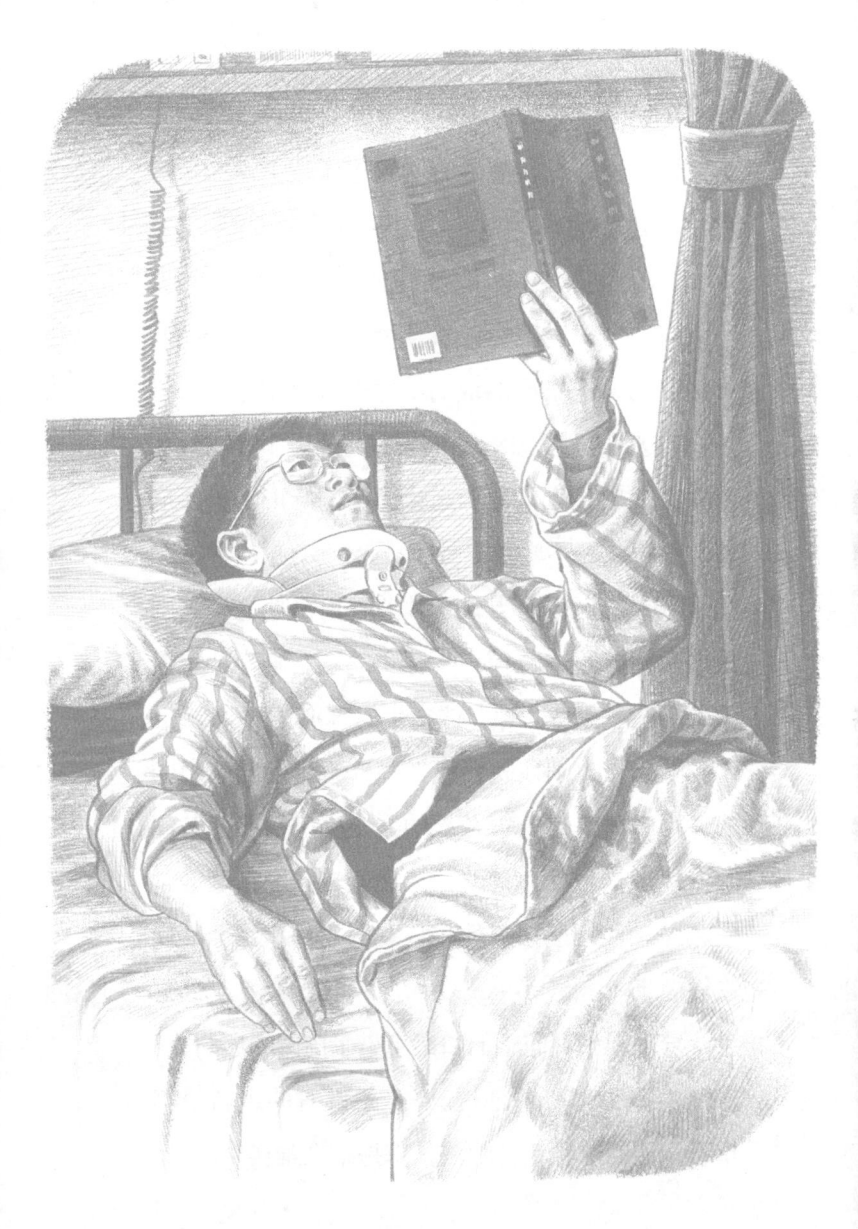

把病床当教室

局与中国海军》。

他哪里是在住院？分明是进了读书学习班和创作笔会。

眼睛看书，手写字，嘴巴也不能闲着。

同一个病房里也住着几个患者，这几个病友都是患的骨科方面的疾病，每天躺在床上无聊极了。方永刚就开始给他们天南海北地讲各种事，什么古代史、近代史、当代史、国际形势，最后这几个病友都不愿意出院了。

方永刚把病房当成了教室，只是他这个老师只能眼睛瞅着天花板讲，脖子动不了呀！他也看不到那些"免费听课"的学生的容貌。

就在方永刚住院治疗期间，香港回归了祖国的怀抱，天天望着天花板的方永刚心情和亿万中国人民一样激动。他坚信，我们伟大的祖国会越来越好。他也坚信，他和病友们的身体都会很快恢复健康。

方永刚乐观向上的情绪感染了周围的所有人，连医生护士都夸赞他说："这位姓方的患者了不起呀，他的这种精神疗法，真是千金难买！"

传播信仰的火种

方永刚走出医院是在一个晴朗的上午。终于出院了,他有一种凤凰涅槃的感觉,天宽地阔,鸟飞鱼跃。

出院时,医生叮嘱他:"记住,一定要注意休息,不能劳累,尤其是脖子上的脖套暂时不能摘掉。两年之内不准坐车坐船,要稳!"

"记住了,记住了。"方永刚嘴上不停地答应着,但他连点头的动作也不能做,他的脖子上还戴着沉重的脖套呢。

方永刚是"稳"不住的。

刚回到学院,他就找到领导,说:"给我安排讲课任务吧,我的病好啦!"

"你看你，还戴着脖套呢，好好休息一段时间，等身体完全康复了，再讲也不迟。"领导对他总是格外关心。

方永刚出院不久，上级要召开一个专题研讨会，北京有关领导和媒体都要来参加。研讨会上的发言，是从众多投稿的论文中层层挑选出来的。有一篇很有质量的文章《立足国际战略高度加强海军质量建设》被几位评委看好，大家都觉得这篇文章很有新意，可以邀请作者在研讨会上做一次现场发言。

这篇文章的作者就是方永刚。

这篇被大家看好的文章，就是方永刚躺在病床上，瞅着天花板思考，一笔一笔写出来的。

方永刚听到这个消息后，又去敲领导办公室的门："让我参加研讨会吧！"

领导犹豫地说："机会是很难得，我们也想让你去参加研讨会，但你的身体能允许吗？你要慎重考虑呀！"

"放心吧，我没问题！保证完成任务！"

研讨会开始了，主持人说："下一个发言的，是来自舰艇学院的方永刚同志,他演讲的题目是《立足国际战略高度加强海军质量建设》。"

方永刚一身军装,健步走上讲台。

他脖子上戴着的那个金属脖套,格外醒目。人们小声地在底下议论着:"这个方永刚很不简单,几个月前遇车祸了,刚刚出院,又来参加研讨会。"

尽管方永刚努力地控制了自己的语速和时间,但他还是在不停地出汗。他激情饱满的精神面貌,独特新颖的理论视角,鞭辟入里的分析论述,感染了所有在场的观众,他的演讲赢得了阵阵掌声。

演讲结束了。

在旁边一直密切关注着他的妻子,赶紧跑上台去,轻轻地搀扶着他走下来。妻子嘴里还小声地嗔怪着:"说好了就讲十分钟,你看,一讲就是半个多小时。"

"每个人来到这个世界都有推脱不掉的使命,我的使命就是讲好每一堂课。"这就是方永刚爱岗敬业、忠于职守的真实写照。

戴着脖套的方永刚恢复得还是比较快的，这得益于他铁一样的坚强意志和信念。医生告诫他两年内不要坐船坐车，但两年时间真是太长了，他可等不了。他不仅很快就重新站在了舰艇学院的讲台上，还多次应邀到外地讲课。

一九九八年六月的一天，方永刚来到黑龙江漠河给边防四连讲课。

哇，漠河！这是我国最北端的一个城市，黑龙江从城北流过，河的对岸就是俄罗斯了。在这个地方驻扎着一个连队。这里偏远闭塞，物质贫乏，战士们更渴望"精神食粮"。听说舰艇学院的一位年轻教授来这儿给大家上课，战士们兴奋极了，除了站岗巡逻的战士，其他的人都来了。听完方永刚的课，战士们都觉得受益匪浅，课后，还拉着他讨论了很久。

方永刚传播着信仰的火种，播种的是希望，收获的是快乐和幸福。

独特的结婚照

一九八六年的春天,海军大连舰艇学院青年教师方永刚恋爱了。

那一年方永刚二十三岁,英俊潇洒。

他的对象叫回天燕,是舰艇学院幼儿园的老师,个头儿不高,长得白白净净,笑起来脸上还有一对好看的小酒窝儿。

恋爱是多么幸福和浪漫的事情啊。可是,对方永刚来说,这样的事情并不轻松,怎么回事?

方永刚是农村出身的苦孩子,家庭负担比较重,方永刚不想瞒着她。

"我家是农村的,在辽西建平县的一个偏僻的乡村。"方永刚说。

"嗯,我知道。"

"我家负担重,上有哥姐,下有弟弟,都是农民。"

"嗯,我知道。"

"要是和我结婚,你要想一想,我老家的人肯定总有来的。我每月还要给家里寄钱,从小学一直到大学,都是父母和几个哥哥姐姐供我的,他们省吃俭用,我不能忘了他们。也许我的老父亲还会来大连住上一段时间呢……"

方永刚啰里啰唆地讲了一大串,全然没有他在讲台上讲课时的那种慷慨激昂,家里的情况是现实,用不着丝毫的隐瞒。

回天燕是一个明事理、懂大节的女孩,她早就听同伴们介绍过这个有知识、有才华的青年人。她点着头,望着方永刚,用眼睛告诉他,她愿意与他相处。

回天燕的父亲是学院的教授,她的家境与方永刚比,当然要好得多。

也没有好很多,只是好一些吧。

因为回天燕的爷爷患病多年,瘫痪在床;她

的母亲也是老病号了，多年的哮喘病，干不了重活。回天燕的弟弟妹妹也没有工作，用钱的地方多着呢。

两人有一种同病相怜的感觉。

有一天在回天燕家，方永刚听见隔壁躺在床上的爷爷喊要上厕所，他二话没说，拿起便壶就为老人接尿。老人又说今天外面天气挺好的，可惜下不了楼呀。方永刚把回天燕丢在一边，背着老人一步一步地下楼去外面晒太阳。

这一切，让回天燕的父亲感动了，他对女儿说："不要犹豫，这是个可以托付终身的男人。"

一九八八年四月二十一日，方永刚和回天燕到民政局办理结婚登记。

工作人员问："带照片了吗？"

"带了，带了。"方永刚连忙拿出两张单人照片。

工作人员一看，笑了："我做了这么多年的结婚登记，还没见过拿单人照片来的，你们得去拍个结婚照！"

"两个人一起的？"

"当然，现在的年轻人结婚，还时兴拍婚纱照呢！"工作人员说。

"穿婚纱照相，那得花多少钱呀？"方永刚和回天燕别说婚纱照，连张合影也没有。

工作人员说："没有两个人在一起的照片？"

方永刚开玩笑地说："没结过婚，真不知道有这个规定。"

人家还算圆融，把两张单人照片贴在一起，拼成了一张独特的结婚照。

再来看看方永刚的新房：学院内一间十五平方米的小屋。为了少占地方，方永刚在自己睡的单人床边上再加一块木板，就变成了双人床，另外还有一张旧三屉桌，一组请木匠打的组合柜。唯一的一件"奢侈品"还是借钱买的小电视机。

这是他们的全部家当。

结婚选了个星期天，他们请了一些亲友吃了顿饭，算是办了婚礼。

第二天早晨，方永刚对回天燕说："上午我还有课，你在家休息几天吧。"

回天燕说："我也要去上班。"

当时，幼儿园有规定，休三天以上的假，当月奖金就没了，她心疼那十五元奖金。

方永刚的岳父回俊才教授是一位德高望重的学界前辈，他对自己的女婿喜爱有加。在他的眼里，方永刚虽然研究的是高深的理论，但在生活中，他就是一个朴实无华的"大俗人"。

方永刚和妻子"回门"，带的不是什么名贵的礼物，而是他家乡的黏豆包。

黏豆包是北方人用黏米和红豆制作的一种食物，是很多贫困的家庭只有在逢年过节时才能吃到的美食。直到今天，如果你到辽西来，无论是到饭店，还是到百姓的家里，主人如果用一盘黏豆包招待你，那就是对你最大的尊重了。

方永刚每次回老家都会给回天燕的家人带黏豆包。

方永刚这些年来四处讲学，吃过各种美食，但熟悉他的人都知道，这个教授平日里最爱吃的是萝卜。

无论何时何地，他总是将自己的家乡罗卜沟挂在嘴边。他对家乡的热爱是发自内心的，他甚至说自己就是一根"大萝卜"。

是的,他不仅喜欢吃萝卜,他还有一套"萝卜理论":"萝卜在蔬菜里的食用性和兼容性最强,可以生吃、凉拌、素炒、做馅,也可以炖羊肉、炖猪肉、炖牛肉、炖大虾,和什么菜都可以配在一起……"

方永刚的老丈人说起自己的这个女婿,直竖大拇指:"我这个姑爷,和什么人都说得来,确实有点像'萝卜精'!"

乡情亲情

那天,方永刚从老家回来,竟然扛回一大袋瓜子。

回天燕有些惊讶,说:"这么大一袋,咱们这个大院的人都来吃也够了。"

方永刚一笑:"就是这个意思,这次回去,我接受了乡亲们交给我的一项任务——帮他们推销瓜子。看见没?这是新品种,叫'三道眉',籽粒饱满,很好吃的!"

回天燕撇了撇嘴,说:"你从来没做过生意,哪干得了这种事?"

方永刚说:"我当然不能做生意,但是可以帮乡亲们做点社会调查,这几天把这些瓜子分送给亲朋好友们,让大家品尝品尝,听听反响。"

几天后,反响很好。

方永刚心里有数了,一个电话打回去,几位乡亲拉来了一卡车的"三道眉"。方永刚忙前忙后,又是安排住宿,又是联系代销点。一个星期后,一卡车的"三道眉"一售而空。几位乡亲那个乐啊,都说这是他们这辈子挣到的最多的一笔钱。至今,"三道眉"还在大连农贸市场上畅销。

消息传开后,附近的乡亲都知道大连有个叫方永刚的海军军官,热心肠,又有能耐。打工的、做生意的、看病的,都来找他。休息日,方永刚常去学校附近的建筑工地和餐馆打听,询问他们是不是需要用人。他还喜欢去农贸市场转悠,看看有什么商机。

方永刚有个老乡叫张自海,家里穷,三十好几了还在打光棍儿。方永刚把他带到大连,帮他在一个建筑工地找到一份活儿。怕他乱花钱,方永刚又帮他保存工资,三年共积蓄了六千元。用这笔钱,张自海在家乡娶了媳妇,现在孩子都长大了。他逢人便说:"没有永刚兄弟,哪有我这个家！"

每次回老家探亲，方永刚总是什么都想带，旧军装、旧电器、旧杂志，儿子玩过的玩具，还有大米、白面。

回天燕笑他："你这是在搬家吧？"

方永刚说："许多东西城里人看不上眼，可在农村金贵着呢！就说这大米吧，记得我小时候，春节还不一定能吃上一顿呢！"

在儿子方舟面前，方永刚是个好父亲。

"爸爸，我想学游泳！"方舟说。

"好呀，在海边住，不会游泳怎么行？来，爸爸教你。"

当时的方永刚自己还是"旱鸭子"，正处在学习的阶段，他就利用休息时间，和儿子一起在游泳池里学。

"爸爸，我刚才喝了口水。"

"没关系，爸爸也喝了。"

两人互相鼓励，学得都特别快，五月份下水学游泳，到了九月份，两人都敢到海边的浴场游泳了。游泳让儿子的身体变结实了，同时，也磨炼了儿子的意志。

方永刚是搞理论研究的，同时也进行教学。他在辅导孩子成长方面也花费了很多的心血。

方舟上幼儿园时，方永刚买来一张中国地图和一张世界地图贴在墙上。每当电视台播放天气预报时，方永刚便把儿子带到中国地图前，告诉他哪个省在哪个位置，省会是哪个城市，这个省（区）的地理、气候、交通、物产等情况，这等于给儿子上了一堂中国地理课。

有人问方舟："你爸爸是搞理论研究的，你们家是不是整天被浓厚的理论氛围笼罩着？"

方舟笑了："哪有的事呀！我的老爸既是爸爸，也是我的老师和朋友呢！我们在一起什么话题都聊，科学奥秘、动物世界、武器装备，甚至篮球。我们在一起还可以争论。"

方永刚说："儿子将来干什么，由他自己决定，但无论干什么，他首先要学会做人。做人，就要以德立身，做一个对国家、对人民、对社会有责任感的人。"

乡情、亲情，这是人间最宝贵的真情。

乡情是火，它温暖了乡亲的心胸；亲情似水，它滋润着亲人的肺腑。乡情亲情，又是阳光，照耀着游子的归途；也如春风，拂动着无法割舍的牵挂。

有了这样情感的人，他用情义的大伞呵护着乡里乡亲，也关爱着自己的亲人。

生生不息的亲情、乡情，是人生最宝贵的真情，抚慰了我们每个人的心怀，慰藉了所有亲人的心灵。

与病魔的博弈

一九九七年五月份的那场车祸，让方永刚住了一百零八天院。最后，他戴着脖套昂着头走出了医院，躲过了一劫。

而当他再一次住进医院的时候，他生命的航船遇到了更大的风浪。

那是二〇〇六年十月八日，方永刚到北京参加国防大学的一个研修班，研修班快结束时，国防大学的副校长找到了方永刚。

"在这次的研修班里，你表现非常突出。两天后，要举办结业典礼，我们研究了一下，准备让你作为学员代表，在结业典礼上发言，你看如何？"

"谢谢首长的关怀！"方永刚笑着说，"发言是不是有一个题目呢？"

这时，校长的表情严肃起来了，说："当然了，这次的结业典礼，我们不想仅仅是个仪式，而是想让你做一个深层次理论上的发言。"

"哦，主要内容是？"

"我们拟定了一个题目，供你参考。"

校长说着掏出了一张纸条，上面写着：如何按照中央军委文件精神加快军队政治理论队伍建设。

方永刚小声地读了一遍，自言自语地说："题目这么长？"

"当然，难度很大，所以，我们才找你担这个重任嘛！"

方永刚知道这个题目难写也难讲，他开始认真地做准备。

夜深了，他还在查资料，写文稿。到了凌晨两点半，他觉得肚子有些疼。"忍一忍吧！"他对自己说。可是忍了几次，他实在挺不住了，就把笔放下，睡了一觉。

他在结业典礼上的发言是成功的。

然而，结业典礼之后，他就倒下了，被紧急送进了医院。

妻子回天燕第一时间听到了这个消息。

"就像一座大山突然间就要倒了一样！"回天燕这样形容刚得悉方永刚检查结果时的感觉。

二〇〇六年十一月十七日，方永刚上了手术台。

有二十多年手术经验的主刀医生吃惊地说："他真是一个铁人！癌症已经到晚期了，他还能坚持讲课，简直不可思议。我动了这么多年手术，没有见过这么严重的病人。"

方永刚得的是结肠癌，而且已经到了晚期。

医生从方永刚腹腔里抽出了四千毫升积水。医生震惊了，这种情况一般病程是一年半，有症状的时间是半年，他自己怎么会毫无察觉？

但是很快，医生就明白了。

在医院里，最初不明病情的方教授总是缠着医生问："我可以出院了吧？学生还等着我呢。"

在做手术之前，马上要做麻醉了，他还在跟

医生讨价还价:"大夫,少用点麻药,我是从事理论研究的教员,我需要一个清醒的大脑。"

回天燕心如刀割,一直在谴责自己没有照顾好丈夫。这两年,方永刚好几次肚子疼,回天燕让他去医院查查,他总是说忙,抽不出时间。其实,他是在透支自己的生命啊!如果早一年,哪怕早半年发现病情,结果也会好得多。

聪明的方永刚已经从回天燕的表情和他的药瓶中,知道自己患上了可怕的不治之症。

在病房里,回天燕偷偷地抹着眼泪,她怕方永刚看见。

可是方永刚竟然朝着她笑了笑,又用手拍了拍她的肩膀,轻轻地说:"你放心,我一定能渡过这个难关,我们家也一定能渡过这个难关!"

回天燕不知道丈夫是怎么得知这一消息的,但她知道丈夫已经坦然接受了这一严峻而又残酷的现实——他是个男人!是个坚强的战士!

手术后刚刚醒来,方永刚做的第一件事是开了张书单,让妻子回家取书。他准备为他的研究生做论文开题辅导。

刚从重症监护室搬回病房,他就把三个研究生叫来,为他们上课。

回天燕急了,刚唠叨了两句,方永刚却火了:"你不要动摇军心!我肚子里有病,脑子没问题,嘴没问题!"

二〇〇七年二月一日,方永刚到北京做进一步治疗。

方永刚把胡子刮得干干净净,穿上军装,戴上军帽。

"方教授,你身体不好,我们准备了担架,抬你下楼吧?"来接他的科主任说。

方永刚挥了挥手,说:"谢谢了,主任,千万别这样,我是一名军人,还能走路,我要以军人的姿态走出病房。"

住院部前挤满了送行的人,当医护人员将一串亲手叠成的千纸鹤挂在他的脖子上时,当他看见学员们打出的"导师,我们等您回来""教授!风采依旧"的标语时,不轻易落泪的方永刚哭了。

夜里,方永刚辗转反侧,回天燕轻声问道:

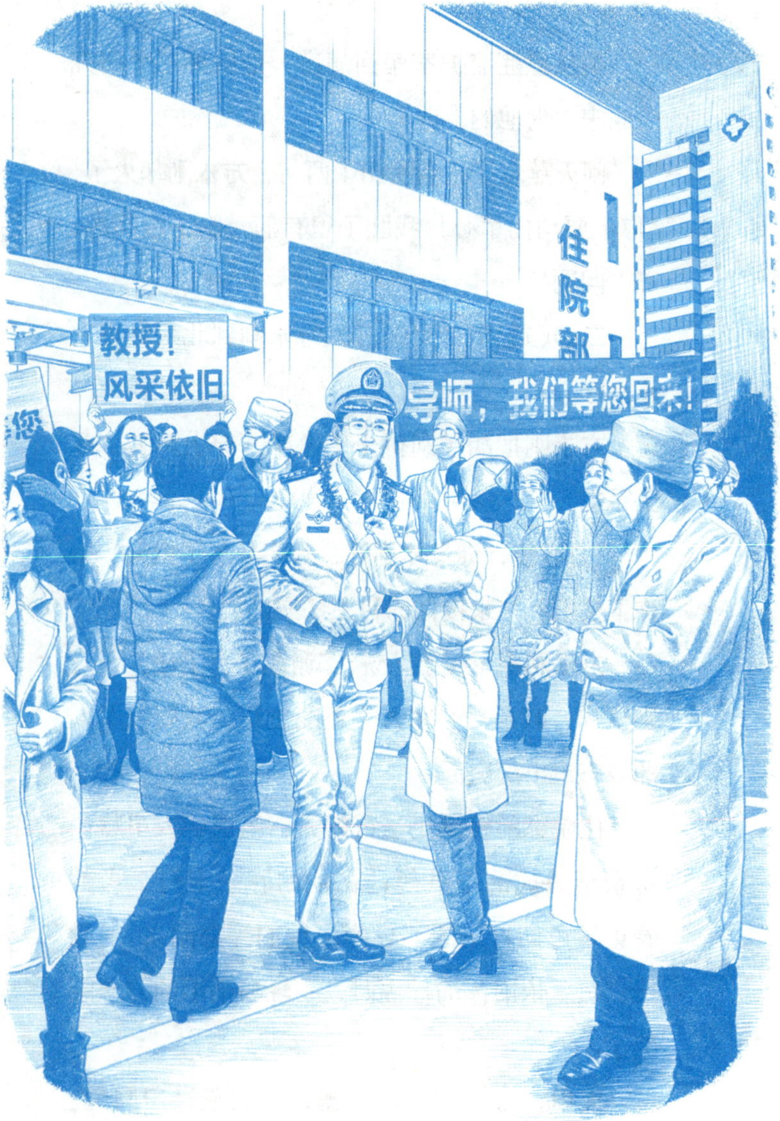
住院部
教授！
风采依旧
导师，我们等您回来！

"你在想什么？"

方永刚索性扭亮了床头灯，坐了起来，动情地说："天燕，自打住院以来，我一直沉浸在一种被关爱的幸福之中。各级领导的关怀，同事、学生、亲朋好友的照顾，还有那些我根本就不认识的好心人，比如那位转了三次公共汽车专门送饺子来的大娘，她不过就是听了我的一次课。胡锦涛总书记日理万机，还抽时间来看我。这会儿我想的只有两个词：感恩与使命。我也更加坚定了自己的信仰。"

信仰，这是方永刚与病魔做斗争最有力的武器。

信仰的力量

什么叫信仰?

如果你问方永刚,他会告诉你,所谓信仰,其实是你心中的一盏指路明灯,它是让你觉得生活有意义而且愿意快乐生活下去的希望和勇气。

谈信仰,这既是一个很深奥的哲学话题,也是寻常百姓离不开的理论热点。

方永刚的一个学生叫肖小平,他说:"导师教给我们的不仅是知识,更让我们懂得了什么叫信仰。"

方永刚给学生上课,喜欢用擅长的"拆字法"。

用这个方法向学生们解释信仰的深意,很直

观，也很形象。

"你们看'信'，'人'加'言'，就是人说的话；'仰'是'人'加上另一半很像'印'字的符号，就是指人的足迹。说的话、走的路，代表着人的志向和追求。没有了信仰，人生就会陷入空虚……"

方永刚用尽一生诠释的正是这两个字——信仰！

在他研究和传播党的创新理论的二十多年中，信仰就像血液，是他生命的组成部分，是他挫折挡不住、病痛摧不垮的所向无敌的力量。他把这力量传递给了他的学生，他的听众，也传递给了全社会。

从二〇〇七年春天到二〇〇八年春天，"方永刚"三个字掀起了一场关于信仰、关于时代精神的大讨论。

忠诚、执着、激情、奉献、责任……从方永刚的人生故事里，人们在为各自的心灵寻找着答案。

躺在病床上的方永刚明白，摆在自己面前的

是急流和旋涡，是深不可测的黑洞，病魔正张开大嘴吞噬着自己的生命。这一切，或许要比自己想的更严重，而现实也是这样，方永刚告诉自己必须勇敢面对，回避是不行的。

只要头脑清醒着，他就要读书；只要身体能动，他就要去讲课。

可能病魔留给自己的时间不多了，他要珍惜这宝贵的光阴，尽可能地多做有意义的事情。

手术几个月后，中央军委做出了一个重要决定，授予方永刚"忠诚党的创新理论的模范教员"荣誉称号。这对一个将终生献给党的理论研究的人来说，是至高无上的荣誉。

这个光环，并没有让方永刚陶醉，他仍然"战斗"在讲台上。

刚做完手术，每一次大声说话都会牵扯伤口，可方永刚仍不改他平日里慷慨激昂的声音。

军校对教姿教态有严格的规定，一般要求教员站着上课。

"方教授，你身体不好，快坐下来讲吧！"

大家特地给他备了凳子，他坐了一会儿就站

了起来,坚持站着上完了一节课。

课间休息的时候,方永刚不经意间将上衣角抬起了一下,这一个动作,被细心的学员发现了。

"你们看,咱们方老师的身上,还插着管子呢!"大家赶紧围上前来,那是一根用来从体内导出液体的橡皮导管。大家明白了,方教授是带着引流袋讲完这节课的。

这节课的题目是《新时期军人的使命和信仰》。

听完课的学员们,不约而同地写下了自己对于信仰的感悟,是方永刚教授用自己的方式为他们上了一堂最好的言行课。

他用他的言行向我们证明:这就是战士的使命,这就是一个共产党员的信仰。

二〇〇七年九月,方永刚被评为"全国道德模范"。二〇〇八年一月,他被推选为中央电视台"感动中国2007年度人物"。

"感动中国"颁奖词是这样介绍方永刚的——

他是一位满怀激情的理论家,更是敢于奉献

生命的实践者。在信仰的战场上,他把生命保持在冲锋的姿态。

　　生命一分钟,奋斗六十秒。这是方永刚的人生信条。

我和春天有约

从二〇〇六年十一月，方永刚被确诊为癌症晚期起，他就与病魔开始了顽强的搏斗。

在化疗期间，方永刚以顽强的毅力在病床前完成研究生教学任务，带着引流袋两次重返讲台授课。

二〇〇七年一月十五日，第二次化疗后的方永刚又兑现了自己的另一个承诺——到大连市地税局做关于科学发展观的讲座。

那堂课，是方永刚人生的最后一课。

他是忍受着怎样的疼痛站在讲台上的呀！那堂课，擦汗的纸巾他用去整整五包。

在他的生命进入倒计时的关头，他仍然保持

着乐观昂扬的精神面貌。虽然生命正在逝去，但他仍然向医生、护士和家人们展示着生命的火焰，尽管那些火焰已经逐渐熄灭了。

很多新闻单位要求到医院采访方永刚。

医院领导研究后，决定可以搞一个小型的集体采访，但一定要限制时间。

方永刚虽然重病在身，但他忍着疼痛，和记者们谈笑风生："在301医院和210医院的治疗和精心护理下，我感觉身体一天比一天好呢。你们看看，今天看到的我，就是集体智慧的结晶。我吃得下，睡得香，请大家放心吧。谢谢你们啦！"

面对饱受病魔折磨的他，亲人和同事安慰他时总是不自觉地流露出伤感。而他却大大咧咧地笑着，没有丝毫的牵强。男儿如果有泪，不因惧怕，不因疼痛，只因触碰了那根最柔软的心弦。

在医院的病床上，他用诗一样的语言，来表达自己的渴望、对未来的憧憬。他写道——

我和春天有约，春暖花开的时候，我要走下病床，走出病房。

我和夏天有约，艳阳高照的时候，我要和全军战友一起庆祝人民军队的八十岁生日。

我和秋天有约，枫叶红了的时候，我要和全国人民一起迎接党的代表大会。

我和冬天有约，白雪皑皑的时候，我要再次走上我心爱的讲台。

有着火一样坚定信仰的人，不会放弃心中的梦想。他是这样来描绘今后的打算的——

当我要退休的时候，是党的二十大。在这之前，我要去宣讲这些年的会议精神。而到了二〇四九年，是新中国成立一百周年。哦，那时我八十六岁了，我希望和同志们一起赞颂祖国，迎接朝阳从东方升起。那时候，我一定能看到我们的祖国发展成为强大的国家，也能看到我们的军队发展成为一支信息化的军队。

病房里，来看望方永刚的人，静静地听着他微弱却充满深情的表达。此时的病房，不正是方永刚的讲台吗？

在场的人，眼眶都潮湿了。

他们仿佛看到，在天地间，一轮红日正冉冉升起，那就是祖国的明天。那一天，一定会像方永刚描绘的那般美丽辉煌。

"如果有一天我的生命之钟停摆了，我愿意把它定格在自己的岗位上，永远保持一名思想理论战线上英勇战士的冲锋姿态。"方永刚用这样的语言，来布置自己的后事。

二〇〇八年二月二十日，时任中共中央总书记、国家主席、中央军委主席的胡锦涛，前往解放军总医院，看望了病危抢救中的方永刚。胡锦涛总书记称赞方永刚在病重住院期间，一边同疾病顽强地抗争，一边仍坚持学习钻研和传播党的创新理论，表现出共产党人的坚定信念、顽强意志和崇高精神。胡锦涛总书记说，方永刚为党、军队和人民做出了重大贡献，我们都要向他学习。

二〇〇八年三月二十五日二十二时，解放军总医院一间洁白的病房里，四十五岁的方永刚在初春的静夜里永远地睡着了。

这是方永刚在北京入院治疗的第四百一十九天，枕旁的书翻开着，笔记本电脑也没有合上，它们的主人仿佛未曾离开。

他，不是默默地离开。

即使在被确诊为癌症晚期后，方永刚也仍在病榻上坚持研究和传播党的创新理论。生命最后那段日子里的每一天，他都过得充实乐观、激情澎湃。

他，走得没有遗憾。

方永刚生前曾多次说，能够在他的信仰和热爱的事业中履行自己的使命，是人生之幸。并不是所有人都愿意选择并能承担起这样的使命，而方永刚的一生，都与之紧紧相连。

是的，他是走不出人们的记忆的。那个带上一杯白开水、一条白毛巾就开讲，把理论讲得像故事一样好听的"科普专家""平民教授"，如同这党旗上的色彩一样鲜艳，永远光彩照人。

"人无信不立。"信，就是信仰。方永刚用自己的生命对信仰做了最好的诠释。

有一种执着让你仰视，那是对真理与信念的忠贞不渝；有一种勇气让你感动，那是对任何困难甚至死亡挑战的无所畏惧；有一种精神让你的心灵受到震撼，那是只要一息尚存就要尽一份责任与义务的使命意识。

方永刚，这位践行信仰的播火者，他的精神将永存人间。